당신은 행복하십니까?

당신은

행복하십니까

행복세상

오종남 에세이

프롤로그

저자는 2004년 9월 IMF 상임이사로 부임하기 위해 2년 반 동안 정들었던 통계청을 뒤로하고 미국 워싱턴 DC로 떠났다. 그리고 통계청장 시절 강연, 기고, TV · 라디오 등을 통해 전파하던 "저출산 · 고령화" 문제의 심각성을 정리하여 2005년 1월『한국인, 당신의 미래』(청림출판)라는 제목의 졸저를 발간했다. 저자의 어린 시절만 해도 환갑을 지낸 어르신은 나머지 삶을 남을 여(餘)자 여생(餘生)으로 여겼지만, 이제는 환갑 이후에도 짧은 여생(餘生)이 아니라 30년을 더 살게 된다는 사실을 널리 전파하기 위함이었다. 즉, 21세기 우리의 삶은 더 이상 "30+30+α(餘生)"이 아니라 세 번의 30년 "30+30+30(triple 30s)"으로 바뀌게 된 것이다.

2004년 9월부터 2006년 11월까지 워싱턴 DC에 살면서 저자는 40대 부부가 자녀 교육을 위해 미국과 한국, 두 나라에 떨어져 사는 소위 '기러기 가족'을 많이 목격했다. 이를 지켜보면서 '행복'이라는 관점에서 한국인의 삶을 조명해보는 기회를 가졌다. 한국인 교포를 대상으로 한 〈라디오 1310〉 '기쁜 소리 방송'에서 『오종남의 행복 이야기』라는 프로그램을 진행하기도 했고, 목사님의 권유로 '기러기 가족'의 자녀 교육 상담도 했다. 그러는 가운데 많은 교포들의 공감을 얻으면서 얼떨결에 '돌팔이 행복 전도사' 노릇도 제법 했다.

2006년 말 IMF 근무를 마치고 귀국한 후 2년간 〈KBS 1라디오〉 '행복한 경제'에 매주 출연하였다. 그 무렵 삼성경제연구소 직원을 대상으로 한 강연의 축약본 "어느 경제학자의 행복 찾기 공식"이 '리더십 클럽 CEO 특강'에서 전국적인 호응을 받게 되었다. 그 내용을 정리하여 2009년 12월 『은퇴 후 30년을 준비하라』(삼성경제연구소)는 두 번째 졸저를 발간하였고 이 책은 최근까지 분에 넘치는 사랑을 받으며 24쇄를 찍었다.

2012년 3월 환갑을 지낸 뒤부터 저자는 세 번째 30년을 산다는 마음가짐으로 살고 있다. 그리고 지나온 세월 못지않게 남은 삶을 생각하는 시간이 유난히 많아졌다. 어떻게 하면 "나이 들면서 추하게 늙지 않고 곱게 익어가는 삶을 살 수 있을까"를 고민하는 소위 'Well ageing(곱게 나이 들기)'에 관심을 갖게 된 것이다. 저자로서 또 하나의 사건(?)은 만 65세가 되면서 '서울특별시 어르신 교통카드'를 발급받은 일이다. '어르신 카드'를 계기로 저자는 "사회에 짐 되는 노인이 아니라 보탬 되는 어르신"이 되어야겠다는 다짐도 하게 되었다.

2016년 12월 『매일경제신문사』로부터 '매경의 창' 필진으로 합류해달라는 요청을 받았다. 2017년 3월에는 『한국일보사』로부터 '오종남의 행복세상'이란 칼럼을 기고해달라는 권유를 받았다. 환갑 이후 관심을 갖게 된 "추하게 늙지 않고 곱게 익어가는 삶"이란 어떤 삶일까? 아울러 '어르신 교통카드'를 계기로 다짐한 "사회에 보탬 되는 어르신"이 되려면 어떻게 살아야 하나? 이에 대한 획일적인 답이 있을 수 없다는 사실은 저자도 잘 알고 있다. 각자 나름의 해법을 찾을 수밖에 없다는 점도 인정한다. 다만, 칼럼을 준비하면서 이에 대한 생각을 정리하는 기회를 갖고자 신문사의 칼럼 기고 청탁을 수락하기로 했다.

2017년 말 저자는 '행복'이라는 주제로 강연을 해달라는 부탁을 특별히 많이 받았다. 10월에는 생산성본부의 북클럽에서, 12월에는 저자가 명예주임교수로 있는 서울대 '과학기술산업융합최고전략과정(SPARC)' 총동창회와 서울대 'SPARC Leaders Forum'에서 강연을 하게 되었다. 강연을 준비하면서 그동안 기고한 칼럼을 정리하다 보니 이를 모아 에세이집을 발간하면 어떨까 하는 생각에 이르게 되었다. 저자의 세 번째 졸저인 이번 에세이집은 그렇게 해서 세상에 나오게 되었다. 책 말미에는 IMF 상임이사 시절 국정홍보처 '국정브리핑'에 외부 필진으로서 연재했던 '오종남의 워싱턴 편지'를 수록했다. 칼럼을 기고하던 IMF 재임 시로부터 10여 년의 세월이 흘렀지만 지금 보아도 되새길 가치가 있다고 여겨지는 글들을 추가하기로 한 것이다.

세 번째 졸저이지만 갈수록 더 어렵게 느껴진다. 그때그때 단편적으로 쓴 칼럼을 모아 에세이집으로 발간하다 보니 물 흐르듯 일관되지 못한 부분도 있는 것 같아 송구한 마음이 앞선다. 널리 양해를 구할 따름이다.

2018년 3월 관악산 서울대 연구실에서 오종남

차례

[부록 1] 매일경제신문 [매경의 창] 칼럼

[부록 2] [오종남의 워싱턴 편지] 칼럼

“

유니세프 사무총장
오종남의
2년 급여 ‘1원’

”

2013년 2월 1일부터 2015년 3월 31일까지 유니세프 한국위원회 사무총장직을 수행한 그가 받은 총급여는 단돈 1원이다. 그는 보람으로 일구어낸 1원을 급여통장이 아닌 1원이 박혀 있는 기념패로 대신 받았다.

그는 “어렸을 때 유니세프의 도움으로 죽을 먹고 공책과 연필로 공부를 하며 자랐다. 그렇게 자란 내가 사무총장이 되어 어려움에 처해 있는 나라의 어린이들을 도울 수 있다는 것이 너무 행복하다”고 한다.

“도움을 받는 사람에 앞서 도움을 주는 사람이 먼저 행복해요.”
모두가 나눔을 실천한다면 우리 사회가 더 건강해지지 않을까요?

들어가며

무엇을 위한 경제 발전인가

도쿄에 비하면 서울은 시골 같았다

비약적 발전 뒤로도 행복지수 낮아

경제 발전 혜택 고루 누릴 수 있어야

1970년 대학입학시험을 치르기 위해 상경한 시골뜨기 필자의 눈으로 본 서울은 대단했다. 79년 난생처음 여권을 발급받고 해외 출장을 간 애송이 경제 관료인 필자는 일본 도쿄를 보고 완전히 압도당했다.

시골 출신 필자의 눈에 그렇게 대단하게 비쳐졌던 서울이 도쿄와 비교하니 시골 같이 느껴진 것이다. 하지만, 이제 서울은 세계 어디에 내놓아도 손색이 없을 정도의 도시로 발전했다. 서울만 발전한 것이 아니다. 그 사이 대한민국도 엄청나게 발전했다. 70년 1인당 257달러 이던 국민소득은 지난해 2만7,000달러 수준으로 100배 이상 커졌다. 달러 가치 하락을 감안하더라도 이는 경이로운 발전이라 하지 않을 수 없다.

여기서 필자의 의문은 시작된다. 한강의 기적이라고까지 불리는 대한민국의 경제 발전은 과연 국민의 행복 증진에 기여했는가? 우리나라 사람들은 경제 발전만큼 행복해졌다고 생각하고 있을까? 정확히 말하기는 어렵지만, 느낌상으로는 긍정적인 것 같지 않다. OECD 회원국 가운데 '자살률 1위'를 기록하고 있는 안타까운 현실은 이를 잘 대변해준다. 그렇다면 무엇이 문제인가?

경제 관료로 평생을 살아온 필자지만 이 문제는 이미 경제 영역을 넘어섰다는 느낌이 든다. 이제는 사회문제로까지 비화해서 더 이상 방치하다가는 '자본주의체제'마저 위협하지 않을까 우려된다. 적지 않은 사람들은 경제 발전의 혜택을 일부 계층만이 지나칠 정도로 누리고 있다는 생각을 갖고 있다. 지난 5월 대통령 선거에서 문재인 후보(41.1%)와 심상정 후보(6.2%)를 지지한 47.3%의 유권자와 2012년 12월 대통령선거에서 문재인 후보를 지지한 48.0%의 유권자는 적어도 그런 생각을 갖고 있는 것으로 추정된다.

OECD는 작년 3월 심화하는 불평등(Inequalities) 문제를 다루기 위한 포용적 성장 이니셔티브(Inclusive Growth Initiative) 회의를 뉴욕에서 처음 개최했다. 이 회의에서 세계 주요 대도시의 시장들은 보다 많은 사람이 성장의 혜택을 누릴 수 있도록 노력하자는 소위 뉴욕 제안(Proposal)에 서명했다. OECD는 이 문제에 뜻을 같이하는 뉴욕, 파리, 서울 등 대도시 시장들을 포용적 성장 챔피언 시장(Champion Mayors)으로 명명했고, 11월 파리에서 제2차 회의를 개최했다. 파리 회의에서는 제안 수준을 넘는 행동계획(Action Plan)이 구체화 됐고, 중소기업 육성과 창업 기회 확대가 불평등 해소에 크게 기여한다는 데에도 인식을 같이했다. 오는 10월 19일에는 제3차 '포용적 성장 챔피언 시장 회의'가 서울에서 개최된다. 여기서는 행동계획을 실행으로 옮기는 방안(Implementation Agenda)이 논의될 예정이다.

1970년대 도쿄에 비해 한참 뒤처져 있던 서울은 이제 선진국 도시와 어깨를 견줄 만큼 발전했다. 일본의 모리(森)기념재단이 발표한 2016년 세계도시 국제경쟁력지수에 의하면 서울은 런던, 뉴욕, 도쿄, 파리, 싱가포르에 이어 세계 6위를 차지하고 있다. 하지만, 세계적 컨설팅 그룹 머서(MERCER)가 발표한 2017년 세계 주요 도시 주재원 삶의 질(Quality of Living) 순위에 따르면, 서울은 전체 조사대상 231개 도시 중 76위에 머물고 있다. 이는 정작 서울시가 발전한 만큼 시민이 느끼는 삶의 질은 나아지지 못했다는 뜻이다. 이렇게 서로 상반된 평가를 받고 있는 두 지표를 조화롭게 만드는 과제는 서울시가 직면한 도전이다.

서울시가 이번에 OECD와 함께 경제 발전의 혜택을 고루 누릴 수 있는 실행방안을 모색한다니 참으로 반가운 일이다. 필자는 이 행사가 전시용으로 그치지 않고 삶의 질도 경쟁력지수와 비슷한 수준으로 나아지는 것을 피부로 느낄 수 있는 실행(Implementation)으로 이어지기를 빌어 본다. 아울러 포용적 성장에 대한 인식 제고에도 기여할 것을 기대한다.

[오종남의 행복세상] 서울에서 열리는 포용적 성장회의(한국일보 2017.10.10.)

첫 번째 이야기

Easterlin Paradox

행복은 경제 발전과 비례하지 않아

정치가 갈등 치유해 행복 높여야

5·9 대선에서 그런 지도자 뽑히길

우리나라는 1973년 1인당 국민소득 406달러를 달성함으로써 UN이 정한 빈곤선인 '하루 1달러'를 넘어섰다.

이로써 하루 세끼 밥 먹는 문제는 해결되었다. 그 2년 뒤인 75년 필자는 공직에 입문해 2006년 말까지 31년 동안 경제 관료로 봉직했다. 1인당 600달러 소득 수준에서 2만 달러까지 발전하는 과정을 지켜보는 행운을 누렸다. 국가공무원인재개발원에서 말레이시아, 베트남 등 아시아 공무원들을 대상으로 '한국 경제론' 강의를 하다 보면 그들이 한국의 경제 발전 과정을 얼마나 부러운 눈초리로 바라보는지 느낄 수 있다. 그런데 정작 우리나라 국민이나 언론이 우리 경제를 평가할 때는 긍정적 면보다 부정적 면을 훨씬 더 부각하는 경향이 있다. 그 이유는 여러 가지가 있을 수 있지만, 필자는 국민들 스스로가 느끼는 행복감이 경제 발전 정도에 비례하지 못하는 점이 가장 큰 요인이 아닐까 생각한다.

아리스토텔레스는 일찍이 인생의 궁극적 목표는 '행복'이라고 설파했다. 돈을 많이 벌고자 하는 욕구도, 권력을 갖고자 하는 노력도 그 자체가 목적이라기보다는 궁극적으로 행복을 얻기 위한 수단에 가까운 게 아닐까? 그런데 왜 많은 사람들은 수단에 불과한 돈이나 권력을 얻기 위해 궁극적 가치인 행복을 희생할까? 필자가 칼럼 집필을 요청받고 고민 끝에 '오종남의 행복세상'이란 제목을 선택한 것도 이러한 문제의식에서 출발했다.

74년 미국의 경제학자 이스털린(Richard Easterlin) 교수는 '경제 발전이 인간의 행복을 증진시키는가?'라는 제목의 논문을 발표했다. 그런데 논문의 결론은 일반적 상식과는 다소 배치되는 것이었다. 인간은 기본적 욕구가 충족되고 나면 돈이 많을수록 더 행복해지는 게 아니라는 것이다. 이를 이스털린의 역설(Easterlin Paradox)'이라고 한다. 많은 경제학자들이 반박 논문을 끊임없이 발표하고 있지만 한 가지 확실한 것은 행복이 소유한 재산에 비례하지는 않는다는 점이다. 우리나라 사람들에게 지난 반세기 동안 경제가 발전한 만큼 행복해졌는가를 물어보면 긍정적 답변도 있지만, 부정적 답변도 만만하지 않다. "차라리 모두가 가난했던 옛날이 더 낫다"는 사람도 의외로 많다.

지난 3월 10일 헌법재판소는 박근혜 대통령을 파면했다. 개정된 헌법에 의해 선출된 대통령 여섯 분 가운데 5년 임기를 채우지 못한 첫 사례다. 헌법재판소는 대통령의 파면 사유로 여러 가지를 적시했지만, 필자는 개인적으로 국민을 불행하게 느끼도록 한 잘못이 가장 크다고 생각한다. 박근혜 전 대통령은 취임식에서 '국민이 행복한 나라'를 국정 비전으로 제시했지만, 결과는 오히려 그 반대가 되고 말았다. 최순실의 국정농단으로 많은 국민은 자존심에 상처를 입었고 배신감에 분노했다.

지난 2012년 대통령 선거에서 유권자의 절반이 조금 넘는 51.6%가 박근혜 후보에게 투표했다. 한편, 문재인 후보에게 투표한 유권자도 48.0%로 거의 절반에 가까웠다. 이러한 현상은 비단 우리나라에만 국한된 것이 아니고 세계적 현상이다. 영국의 브렉시트나 미국의 대선 결과를 보면 압도적 결과보다는 팽팽한 접전을 보여주지 않았는가? 브렉시트 결정에도 불구하고 영국 경제가 굳건하게 버티고 있는 이유는 브렉시트에 반대했던 국민도 투표결과에 승복했기 때문이다. 여야 정치권도 EU 탈퇴 협상을 국익에 최선이 되도록 하려고 고민하고 협력하고 있기 때문이다. 만약 영국이 국민투표 이후 아직도 투표무효소송이나 재투표 요구 등으로 국론이 분열되어 대립하고 있다면 영국 경제는 어떻게 될까?

이것이 진정한 정치의 역할이 아닐까, 사회적 갈등을 치유하고 국민적 통합을 이룸으로써 국민의 행복을 증진시키는 일이 정치인이 해야 할 일 아닐까? 5월 9일 대통령 선거에서 우리나라가 어디로 가야 할지 방향을 제대로 설정하고 그 방향으로 전 국민의 역량을 결집시킬 진정한 정치 지도자가 선출되기를 간절히 기도하는 마음이다.

[오종남의 행복세상] 국민 행복을 높이는 진정한 정치(한국일보 2017.3.28.)

두 번째 이야기

Happiness Index = What I have/What I want

기대수준 낮추면 행복지수 절로 높아져

후보들 달콤한 약속보다 솔직한 처방을

말뿐인 지도자 뽑는 우를 다시 범해서야

바야흐로 결혼 시즌이다. 이맘때면 필자도 주례 부탁을 받는 경우가 종종 있다. 주례를 할 때 가장 곤란한 점은 신랑신부에게 들려줄 이야기를 모든 하객들 앞에서 해야 한다는 것이다.

정작 그날의 주인공인 신랑신부는 긴장하고 경황이 없어 주례사를 새겨듣기가 쉽지 않다. 다양한 배경, 다양한 연령층의 하객이 지루하지 않게 들을 수 있고, 신랑신부에게 조금이나마 도움이 되는 이야기를 찾기란 여간 어려운 일이 아니다. 상식적이면서 신랑신부에게 꼭 해주고 싶은 '공통분모'를 찾다 보니 고민 끝에 생각해낸 말이 '행복지수를 높이려면 기대수준을 낮추라'이다. 주례가 성혼 선언문을 낭독한 순간, 신랑신부가 서로 상대방에 대한 기대 수준을 절반으로 낮추는 것이 행복에 이르는 지름길이라는 내용이다.

통계청장 시절 필자는 행복지수라는 것을 만들어 보았다. 통계청의 공식적인 통계는 물론 아니다. 행복지수는 각자 개인이 느끼는 주관적인 느낌이라는 점에 착안하여 만든 지수다. 나의 행복지수는 남이 아니라 '내가 바라는 것'을 분모로 하고 '내가 성취한 것'을 분자로 했을 때 느끼는 만족도(내가 성취한 것/내가 바라는 것)라고 할 수 있다. 누구든 본인이 원하는 바를 다 이룬다면 행복지수는 100이 될 것이다. 하지만 바라는 것을 다 성취하는 사람은 거의 없다. 10개를 바라고 있는 사람이 7개를 성취하고 3개를 이루지 못했다면 이 사람이 느끼는 행복지수는 70이라고 말할 수 있다.

결혼한 후에도 배우자가 연애할 때처럼 여전히 10개를 해줄 것으로 기대하고 있는데 7개를 해준다면 결혼생활에 대한 불만이 싹틀 수밖에 없다. 하지만 결혼하는 순간 배우자에 대한 기대수준을 절반으로 줄인다면 같은 7개로도 배우자에게 불만이 아니라 감사한 마음이 들고 행복한 결혼생활이 가능해질 수 있다. 그런 의미에서 행복지수

를 높이는 방법에는 더 많이 성취하는 것 못지않게 바라는 것을 줄이는 방법도 있음을 일깨워 주고자 함이다.

대통령 선거전이 본격화하면서 각 당의 후보들이 내놓은 정책이나 공약을 보고 있노라면 우려가 앞선다. 유권자들의 표심을 얻기 위해 우리 재정 형편으로는 도저히 감당할 수 없는 수준의 선심성 공약을 내놓은 예가 지나치게 많다는 생각이 든다. 마치 절실하게 구애하는 청년을 보는 느낌이다. 애인에게 '나와 결혼하면 손에 물 한 방울 안 묻히도록 해 주겠다'라거나 '하늘의 별도 따다 주겠다'는 것과 같은 상황이다. 그러다 보니 유권자들은 자기가 지지하는 후보가 대통령이 되면 모든 문제를 해결해줄 수 있는 해결사이거나 영웅이 될 것으로 기대한다. 온 국민에게 '꽃길만 걷게 해 주겠다'는 약속이 과연 지켜질 수 있겠는가?

대한민국이 처한 오늘의 현실을 보면 안보, 경제, 외교 등 어느 것 하나 어렵지 않은 과제가 없다. 지난 1월 20일 미국의 트럼프 대통령 취임 이후, 북한 김정은의 핵무기 개발과 미사일 발사 실험으로 한반도에서의 긴장감은 점점 고조되고 있다. 그런가 하면, 미국과 중국이라는 양대 강국의 주도권 다툼에 우리나라의 외교나 경제 모두 심각한 위기를 맞고 있는 형국이다.

지금 우리에게 필요한 것은 유권자의 표심을 얻기 위한 달콤한 약속보다 우리가 처한 냉엄한 현실에 입각한 솔직한 처방이다. 이번 선거에서는 실현 가능한 정책 대안을 제시하고 전 국민의 역량을 한 방향으로 집결할 수 있는 진정한 지도자를 뽑아야 한다. 당장의 인기 영합적인 정책이나 공약에 현혹되어 말뿐인 지도자를 뽑는 우를 범할 여유가 우리에게는 더 이상 없다. 정치인들도 유권자의 표심을 얻고자 실현 가능성도 없는 빌 공(空)자 공약을 남발하지 않기를 간절히 빌어 본다.

선거기간 동안 '잔뜩 부풀려진 기대수준'은 선거가 끝나자마자 온 국민의 행복지수를 떨어뜨리는 결과를 초래한다는 사실을 깨닫기를 바란다.

[오종남의 행복세상] 대통령 선거도 배우자 고르듯(한국일보 2017.4.18.)

세 번째 이야기

Politicians Campaign in Poetry, Govern in Prose.

새 대통령에 거는 국민의 간절한 기대
치명적인 한반도 전쟁 발발은 꼭 막고
경제 · 복지 관련 문제 모두 해결 원해

우리 주변을 돌아보면 집은 화재보험에 들면서 동시에 로또복권을 사는 사람이 적지 않다. 화재보험에 드는 사람은 집에 화재가 날 확률은 낮지만 일단 화재가 나면 입게 될 큰 손해에 대비하는 '위험 회피형'이라고 할 수 있다.

반면에 로또복권을 사는 사람은 확률은 비록 낮을지라도 일단 당첨만 되면 대박이 날 가능성을 노리는 '모험 추구형'이라고 할 수 있다. 전자는 적은 비용으로 큰 위험을 회피하는 행위인 데 반해서 후자는 스스로 모험을 선택하는 행위다. 그런데 한 사람이 어떻게 '위험 회피형'인 동시에 '모험 추구형'이 될 수 있을까? 사람들의 이러한 행위를 설명하고자 맨 처음 시도한 논문이 1948년 시카고대학 경제학과의 프리드만 교수와 세비지 교수가 발표한 '위험을 내포한 선택의 효용분석(The Utility Analysis of Choices involving Risks)'이다.

학부 시절 법학을 공부하고 경제 관료가 된 필자는 1980년 국비 유학생으로 미국에서 경제학을 공부할 기회를 갖게 되었다. 대학 시절 경제학을 배우기도 했고 경제기획원의 훌륭한 선배들 밑에서 실무를 익히기도 했지만, 정작 경제학과 대학원생이 되어 공부하면서 얼마나 흥미진진했는지 모른다. 그 가운데 매우 재미있게 배운 위 논문은 지금도 생생하게 기억하고 있다. 필자는 여기서 어려운 경제학 논문을 이야기하자는 것이 결코 아니다. 위 논문을 서두에 이야기한 취지는 인간은 한편으로는 보험에 들고자 하는 심정과 다른 한편으로는 로또복권 당첨을 기대하는, 얼핏 서로 상반되어 보이는 소망을 동시에 갖기도 한다는 점을 말하기 위함이다.

5월 10일 우리나라는 새로운 대통령 임기가 시작된다. 필자는 투표 결과를 알지 못한 채 원고를 쓰지만, 26%가 넘는 유권자가 사전 투표에 참여한 것만 보더라도 이번 대통령 선거의 국민적 열기를 짐작할 수 있다. 그렇다면 유권자들은 과연 어떤 심정에서 대통령 선거에 이토록 커다란 관심을 보인 걸까? 필자는 유권자들의 마음속에 안보에서는 '보험에 드는 심정'과 경제와 복지에서는 '로또복권 당첨을 바라는 심정' 두 가지가 혼재해 있으리라고 생각한다.

오늘날 우리의 안보는 문자 그대로 위기 상황이다. 미국과 중국 일본 러시아 등 한반도를 둘러싼 4강은 '세계평화를 위협하는 북한의 핵실험과 미사일 발사를 막는다'는 명분하에 대한민국의 이익과는 상관없이 각자 자국의 이익을 앞세워 한반도 정세를 판단하고 의사 결정을 할 가능성이 매우 크다. 이 시점에서 우리 유권자들은 새 정부가 '확률은 매우 낮지만 일단 발발하면 국민의 안전에 치명적인 영향을 미치는 전쟁'만은 막아주기를 간절히 바라는 '보험에 드는 심정'일 것이다.

한편 전 세계가 '보호무역주의'로 회귀하는 현실은 수출주도형 경제구조를 가진 우리나라에는 극복해야 할 난제다. 이렇게 어려운 여건임에도 불구하고 대선 기간 동안 각 후보들의 경제 및 복지 관련 공약은 지나칠 정도로 넘쳐났다. 그 결과 국민의 기대 수준은 새 정부가 출범하면 '로또복권이라도 당첨된 듯' 모든 문제를 해결해 줄 것처럼 높아지고 말았다.

새 대통령은 국민의 '보험에 드는 심정'과 '로또복권 당첨을 기대하는 심정'을 동시에 충족시켜야 할 과제를 안고 출범한다. 안보에 관한 한 어떤 일이 있어도 전쟁 발발은 막아주기를 바라는 국민의 여망에 부응해야 한다. 하지만 복지에 관한 선거공약을 모두 지킬 수 있는 묘책이란 있을 수 없다. 선거 기간 중 멋진 말로 약속한 모든 공약을 현실에 맞게 수정할 수밖에 없음을 국민도 정부도 솔직하게 인정하고 받아들일 것을 기대하는 마음이다.

"정치인은 선거운동은 시로, 통치는 산문으로 한다.(Politicians campaign in poetry, govern in prose.)"는 쿠오모 전 뉴욕 주지사의 명언을 다시금 떠올린다.

[오종남의 행복세상] 보험도 들고 로또복권도 사는 심정(한국일보 2017.5.9.)

네 번째 이야기

Mentor를 잃은 슬픔

헌법재판소 설치와 탄핵심판 기능 역설
공직 마친 후 로펌서도 늘 국익을 걱정
인생의 멘토를 잃은 슬픔에 두 손 모아

현행 헌법은 1987년에 개정된 것이다. 당시 개정안을 준비하는 팀에서는 헌법재판소 설치를 반대하는 의견이 우세했다.

대법원도 별도의 헌법재판소 설치에 반대했다. 더구나 헌법재판소에 대통령 탄핵심판 기능을 부여하는 것에는 더욱 반대가 심했다. 그때 한 분이 국회가 제정한 법률의 위헌 여부를 심판하기 위한 헌법재판소 설치를 강력히 주장했다. 또한, 막강한 권력을 가진 대통령을 견제하는 의미에서 설사 사용할 일이 없을지라도 헌법재판소가 탄핵

심판 기능을 갖게 하자고 역설했다. 결국 그의 의견은 개정 헌법에 그대로 반영되었다. 당시 그분이 고 현홍주 변호사다. 지난 3월 10일 헌법재판소가 대통령 탄핵을 결정한 날, 당시에는 결코 사용할 일이 있을 것이라고 믿지 않았던 대통령 탄핵 규정에 따라 30년 후 대통령 파면이 결정되는 것을 보며 고인은 남다른 감회를 느낀다고 술회했다.

사실 고인은 1987년 대통령 직선제를 요구하는 국민의 열망이 극에 달했을 때 대통령 직선제 개헌을 골자로 하는 '6·29 민주화 선언'을 이끌어내는 데 결정적 역할을 하신 분이다. 노태우 당시 대통령 후보에게 "체육관 선거보다는 직선제로 대통령에 당선되는 것이 더 좋고, 설사 낙선하더라도 민주화를 이룩한 인물로 역사에 기록된다"는 명분을 들어 현행 헌법의 탄생이 가능하게 하신 분이다.

지난 5월 26일, 현홍주 대사께서 별세했다. 고인은 1968년 검사로 공직생활을 시작하여 국가안전기획부 차장, 국회의원, 법제처장을 거쳐 1990년 주 유엔 대표부 대사에 임명되어 당시 국가적 대업인 '남북한 유엔 동시 가입'을 성공적으로 준비하였다. 이어서 주미 대사로 옮겨 2년간 근무하다가 문민정부 출범과 함께 1993년 공직을 마무리하고 김앤장 법률사무소에 변호사로 합류했다. 그 후 김앤장에서 한국에 투자한 다국적 기업의 경영 자문을 맡아 마지막 순간까지 열정적으로 일했다. 고인은 로펌에서 일하면서 공직생활 때와 다름없이 외국 클라이언트의 이익뿐만 아니라 나라의 이익도 동시에 걱정하는 자세로 일관하여 내외국인으로부터 두루 존경과 신뢰를 받았다.

필자는 2006년 말 IMF 상임이사를 끝으로 공직을 마무리하고 김앤장에 합류하면서 고인과 인연을 맺었다. 필자는 50대 중반에 30년이 넘는 공직생활을 끝내고 두려운 마음으로 제2의 인생을 시작했다. 사회의 초년병인 필자에게 맡겨진 역할은 고인이 외국 클라이언트를 만날 때 곁에서 경제 분야 브리핑을 돕는 일이었다. 필자가 지난 10년 동안 모시고 일하면서 고인에게 배운 지혜는 언제나 고객의 입장을 최우선으로 생각하라는 가르침이다. 또한 '좋은 게 좋은 게 아니라, 옳은 게 좋은 것'이라는 간단명료한 진리다. 고인은 결코 사익을 위해 신의를 저버리지 않았고, 소의를 위해 대의를 희생하지 않았다. 그 결과 고인은 클라이언트에게는 신뢰받는 조언자였고, 후배들에게는 존경받는 멘토였다.

필자에게는 인생의 멘토가 두 분 계신다. 첫 번째 멘토는 초등학교 은사이면서 공직생활 내내 상사로 모신 고 강봉균 장관이고, 두 번째 멘토는 고 현홍주 대사다. 공직생활을 대과 없이 마칠 수 있었던 것은 첫 번째 멘토 덕분이고, 퇴직 후 민간부문에서 적응할 수 있었던 것은 두 번째 멘토 덕분이다. 평생에 롤 모델(role model)로 삼을 만한 멘토를 한 분 만나기도 어려운데, 필자에게는 그런 분이 두 분이나 계셨으니 얼마나 복 받은 인생인가

존경하는 멘토를 갖는 행복을 누리기만 하다가 금년 들어 한꺼번에 두 분의 멘토를 잃는 슬픔을 맛본다. 연초에 첫 번째 멘토를 잃은 지 얼마 되지도 않은 이 시점에 두 번째 멘토인 현홍주 대사님을 잃게 되었다. 앞으로 두고두고 슬픔과 빈자리를 실감하게 될 것을 생각하면 두렵기만 하다. 필자는 이제 그 분들로부터 받은 은덕을 조금이라도 갚는 심정으로 후배들에게 성심성의껏 멘토링을 해주리라 다짐하며 눈물을 삼킨다. 삼가 고인의 명복을 두 손 모아 빈다.

[오종남의 행복세상] 고(故)현홍주 대사님을 보내며(한국일보 2017.5.30.)

다섯 번째 이야기

짐 되는 노인 vs. 보탬 되는 어르신

'짐 되는 노인' 아닌 '보탬 되는 어르신'
노인의 지혜와 경륜 소중히 활용하면
저출산·고령화 따른 인력난도 해소돼

필자는 지난 3월 사무실 근처 주민센터에 가서 '어르신 교통카드'를 발급받았다. 주소지 주민센터에서만 발급받을 수 있는 줄 알고 한참을 시간 낭비한 후 어느 곳에서나 가능하다는 사실을 알고 사무실 근처에서 편리하게 발급받았다.

평소 운동 삼아 자동차보다 지하철을 더 많이 이용하는 필자로서는 이때부터 승차권을 구입하는 번거로움 없이 지하철을 무료로 이용하는 혜택을 곧바로 피부로 느끼고 있다.

사실 교통카드를 받기 전까지만 해도 필자는 65세라는 나이만을 기준으로 교통카드를 발급해주는 시책에 대해 다소 비판적인 견해를 갖고 있었다. 적어도 상위 몇%에 해당하는 고소득층에게는 교통카드 발급을 하지 않는 편이 더 정의로운 처사라고 생각하였기 때문이다. 설령 필자가 교통카드를 발급받는다고 하더라도 별도로 승차권을 구입해서 이용할 생각까지 하고 있던 터였다. 하지만 막상 교통카드를 받고 보니 애초의 생각은 버리고 이제까지 잘 활용하고 있다.

지하철을 무상으로 이용하기 시작하면서 필자는 스스로에게 다짐을 한다. 어르신 교통카드라는 국가시책을 나 혼자의 힘으로 바꿀 수 없을 바에야 일단 혜택을 누리고 그에 상응하는 만큼을 뜻 있는 곳에 기부하자는 결심을 하게 되었다. 다음으로는 '대접을 받고자 하는 노인'이 되지 말고 '남에게 도움이 되는 어르신'이 되자는 다짐을 했다. 내년에 백수(白壽)를 바라보시는 김형석 교수님께서는 '노년의 미학'이란 "행복을 누릴 권리, 존경받아야 할 의무"라고 말씀하신 바 있다. 그에 따라 필자는 나이만 먹은 노인이 아니라 존경받는 어르신이 되려면 행동도 그에 걸맞게 해야 한다는 다짐을 하게 된 것이다. 그런 맥락에서 필자는 지하철을 탈 때 극도로 피곤한 경우가 아니면 경로석에 앉지 않고 더 연세가 드셨거나 거동이 불편하신 분들께서 앉으시도록 양보하기로 마음먹었다.

고령자가 사회에 짐이 되지 않는 것을 넘어 도움이 되는 '어르신'이 되려면 어떻게 행동해야 할 것인가를 궁리하다가 고려장이 없어지게 된 설화를 반추해 보게 되었다. 연로하신 부모님을 산 채로 산속에 버려두었다가 죽은 후 장례를 지내는 고려장 풍습이 있던 시절 이야기다.

한 효자가 노모를 지게에 지고 산으로 올라가 눈물로 마지막 하직 인사를 하자 노모는 네가 길을 잃을까 봐서 나뭇가지를 꺾어 표시를 해두었다고 말한다. 효자는 그런 노모를 차마 버릴 수 없어 동네 사람들한테는 고려장을 했노라고 소문을 내고 남 몰래 노모를 봉양한다. 그러던 어느 날 중국 사신이 똑같이 생긴 말 두 필을 끌고 와서 어미와 새끼를 구별하라는 문제를 내고 만일 답을 못 맞히면 조공을 올려 받겠다고 말했다. 조정에서는 전국적으로 방을 내려 답을 구했는데 그 효자는 노모의 지혜를 빌려 쉽게 답을 맞힐 수 있었다. 말을 며칠 굶긴 뒤 여물을 주고 살피면 여물을 먼저 먹는 말이 새끼고 나중에 먹는 말이 어미라는 것을 노모에게 배운 것이다. 이를 계기로 고려장이 사라지게 되었다는 일화인데 그리스 격언에 "안에 노인이 없거든 빌리라"는 말이 있음도 매우 흥미롭다.

고려장에 얽힌 일화나 그리스 격언은 삶의 경륜이 얼마나 소중한지를 일깨워 준다. 고령자라 할지라도 이 사회에 '짐이 아닌 보탬'이 될 수 있음을 시사해 주기도 한다. 따지고 보면 노인 복지제도는 세계에서 가장 가난한 우리나라가 경제적으로 이렇게까지 발전하는 데 기여하신 어르신 세대에게 보답하는 의미도 갖고 있다. 특히 저출산 고령화 시대에 인력난 해소를 위한 하나의 방편으로 고령자의 경륜과 지혜를 잘 활용하는 것도 간과할 수 없는 사실이다.

필자는 이번에 '어르신 교통카드'를 발급받은 것을 계기로 우리 사회에 '짐이 되는 노인'이 아니라, '보탬이 되는 어르신'이 되려면 어떻게 살아야 할 것인지를 깊이 고뇌하는 시간을 가져본다.

[오종남의 행복세상] '어르신 교통카드' 단상(한국일보 2017.6.20.)

여섯 번째 이야기

QE(양적완화)라는 이름의 수요 진작

전공과 동떨어진 다른 길이 쉬울 리 없어
수요부족 따른 실업문제 심각성 감안해서
좋은 일 하며 사회 공헌할 방안 고심해야

알고 지내는 성악가 한 분이 지인과 동업하여 고깃집을 냈다가 한 달도 못 버티고 동업자와 의견 충돌이 생겨 접게 되었다는 안타까운 소식을 들었다.

그런가 하면, 서울 외곽에 이탈리아 식당을 냈던 한 성악가는 한참을 고생하다가 금년 초 TV 방송에 소개된 후 점차 영업이 나아지고 있다는 소식도 들린다. 근래 우리는 오랫동안 공부한 전공과는 동떨어진 다른 길을 모색하는 전문직 이야기를 심심찮게 접한다. 본인이 더 좋아하는 일을 하려고 진로를 바꾼 경우라면 응원할 일이겠지만 생계문제나 노후 걱정 때문에 그렇다면 개인적인 아쉬움을 넘어 애써 기른 재능을 제대로 활용하지 못하는 사회적인 손실도 크다는 생각에 마음이 무거워진다.

40년 넘게 경제 분야에서 일한 필자는 경제 강의 요청을 받는 경우가 많은 편이다. 때로는 경제를 전공하지 않은 분들을 상대로 강연을 하기도 한다. 요즘 들어 필자가 하는 경제 강연의 골자는 세계 경제든 한국 경제든 경제위기의 가장 큰 원인은 '공급능력에 비해 수요가 부족하다'는 것이다. 세계 각국은 거의 예외 없이 수출을 늘리거나 투자를 유치해서 일자리를 늘리고자 고심하고 있다.

그런 시각에서 보면 트럼프 미국 대통령이 취하고 있는 보호무역주의 정책이나 버냉키 전 미국 연방준비제도이사회(FRB) 의장이 돈을 풀어서라도 수요를 늘리겠다며 들고나온 소위 양적 완화(QE) 정책과 저금리 정책이 자못 수긍이 간다. 유럽중앙은행(ECB)이나 일본은행(BOJ)도 이에 뒤질세라 미국 정책을 따라가는 것 또한 이런 맥락에서 보면 이해가 된다.

최근 몇 년 우리 경제가 당면하고 있는 가장 큰 현안도 수요 부족에 따른 실업문제라고 말할 수 있다. 특히, 청년실업은 경제문제를 뛰어넘어 사회문제로까지 비화되었다. 이렇게 보면 새로 출범한 문재인 정부가 어떻게 하면 일자리를 늘려 실업률을 낮출까에 모든 정책의 우선순위를 두고 있는 점을 평가하지 않을 수 없다. 오죽하면 대통령이 일자리위원회 위원장을 직접 맡고 청와대에 경제수석비서관과는 별도로 일자리 수석비서관을 따로 두기까지 하겠는가?

지난 1일 SC제일은행은 창립 88주년을 맞아 에버랜드에서 '한마음 페스티벌'을 개최했다. 임직원 4,000여 명과 가족을 포함해 1만 3,000여 명이 참석했다. 필자도 SC제일은행의 사외이사 겸 감사위원장을 맡고 있기 때문에 그 행사에 초대받았다. 낮에는 가족끼리 놀이시설에서 즐겁게 보내고 오후 6시부터는 공연을 관람하는 프로그램이었다. 그런데 낮 동안 그렇게 좋던 날씨가 행사 직전부터 비가 내리기 시작했다. 가수 박진영과 걸 그룹 여자 친구는 바닥이 비에 젖어 미끄러질 위험이 있는 데도 불구하고 진정한 프로답게 멋진 춤과 노래를 선사했다. 덕분에 모든 참석자들은 비를 맞으면서도 '한마음 페스티벌'을 흥겹게 즐길 수 있었다.

하지만, 박진영과 걸 그룹 공연 못지않게 필자의 관심을 끈 부분은 본 행사 초반 일반 직원들로 구성된 세 팀이 보여준 아마추어 공연이었다. 이들의 실력을 프로와 비교할 바는 아니지만, 연습과정에서 그들이 흘렸을 땀과 노력을 떠올리며 시종일관 흥겹게 관람했다. 그들 또한 전 직원과 가족 앞에서 공연하기 위해 땀 흘리며 연습하는 과정 내내 큰 기쁨과 치유를 얻었으리라.

요즘 웬만큼 큰 기업에는 직원들을 위한 여러 가지 동호회가 다양한 형태로 활성화되어 있다. 이들 가운데는 음악 관련 동호회도 당연히 있을 것이다. 이들 음악 동아리에서 마땅히 일이 없어 다른 길을 모색하는 성악가를 초빙해 정기적으로 지도를 받는다 하자. 성악가로서는 전공을 살려 일자리를 얻을 수 있고 동아리는 전문가의 지도를 받게 되는 일석이조의 효과를 노릴 수 있지 않을까? 30년 동안 음악을 공부한 성악가가 고깃집을 내는 안타까운 현실을 바라보며 그들이 좋아하는 음악을 계속하면서 사회에도 도움을 줄 수 있는 방안은 없을까를 고민해본다. 하긴, 이게 어디 음악인만의 안타까운 사연일까?

[오종남의 행복세상] 고깃집을 낸 성악가(한국일보 2017.7.11.)

일곱 번째 이야기

문화는 사치품인가?

지역아동센터 어린이와 함께 관람
7인 가족이 도맡아서 극단 운영해
아낀 돈으로 문화 즐길 수 있기를

필자는 지난 7월 15일 서울 대학로 한얼극단을 찾아 지역아동센터 어린이 40여 명과 함께 연극 '기억해봐'를 관람했다.

이 연극은 1시간 15분 내내 대사가 한 마디도 없는 무언극이다. 관람 전에는 초등학생들이 그 긴 시간을 참고 관람할 수 있을까 걱정도 했지만 기우였다. 관람하는 동안 배우들과 어우러지기도 하면서 흥겹게 즐긴 후 자장면과 탕수육으로 뒤풀이까지 하고 아쉽게 헤어졌다.

지역아동센터란 과거 동네별로 있던 공부방을 아동복지시설로 개편한 시설이다. 방과 후 돌봄이 필요한 저소득층 아동들을 보호하고 교육도 시키며 건전한 놀이나 오락을 제공하는 서비스를 한다. 김앤장 사회공헌위원회 프랜즈(자원봉사자)가 몇 년째 봉사하고 있는 이 센터의 아동들에게 이번에는 특별히 문화 체험의 기회를 제공하고자 무언극 관람을 기획하게 되었다.

통계청장 시절 필자는 오페라 '헨젤과 그레텔'을 전 직원 및 그 자녀들과 함께 관람한 적이 있다. 오페라는 어린이가 쉽게 접할 수 있는 공연이 아니다. 하지만 어릴 때 한 번이라도 관람하고 나면 훗날 성인이 되었을 때 훨씬 친숙하게 여길 것이라는 생각으로 시도해 본 행사다. 문화는 결코 사치품이 아니다. 아는 만큼 느끼고 즐긴다. 비즈니스 상담에서도 문화 이야기가 곁들여진다면 훨씬 더 격조 높은 대화가 가능하리라 생각한다. 하지만 요즘처럼 경제가 어려워질 때면 맨 먼저 절감하는 항목이 문화 활동비이다 보니 문화예술계를 둘러싼 환경은 어렵기만 하다.

2002년에 대학로에 문을 연 한얼극단의 스토리는 이렇게 척박한 환경에 대처하는 한 문화예술인의 꿋꿋한 모습을 보여 준다. 대학로니까 포스터만 붙이면 관객은 올 것으로 기대했지만 그것은 오산이었

다. 관객이 거의 없는 상태로 공연을 계속하면서 빚만 늘어갔다. 역설적이게도 이 위기는 극단이 부모와 다섯 남매 7인으로 구성된 가족극단으로 탈바꿈하는 계기가 되었다. 아버지는 감독 겸 연출을 맡고, 장녀와 차녀는 '거울인형'의 배우로, 3녀와 4녀, 막내아들은 '기억해봐'의 배우로 무대에 서고 있다. 무대 장치와 음향 시설은 어머니가 맡는다.

영어 강사, 자동차 딜러, 회사원 등으로 자녀가 모두 '투잡'을 뛰는 덕분에 한얼극단은 존속이 가능하다. 대학로의 많은 배우들처럼 연극만으로 생활이 어려워 투잡을 뛰지만, 꼭 나쁘기만 한 것은 아니라고 한다. 주중에 사회인으로 겪는 스트레스가 주말 무대 위에서 해소될 뿐 아니라 굳이 영감을 찾아다니지 않고도 저절로 얻어지는 장점이 있다는 것이다.

한얼극단은 아무리 어려워도 관객을 모으기 위한 홍보는 하지 않는다. 홍보를 시작하면 비용을 조달하기 위해 더 많은 관객을 모아야 하고, 그러려면 또 더 많은 비용을 지출해야 하는 악순환에 빠지기 때문이다. 할인 티켓이나 무료초대권도 발행하지 않는다. 할인 티켓이나 무료초대권은 연극인의 자존심에 관한 문제이고, 정당한 입장료를 내고 보는 것이 연극인이 정성을 기울여 만든 연극의 가치를 인정하는 행위라고 믿는다.

'관객이 제 돈으로 표를 사서 입장해야 진지하게 관람할 수 있다'는 신념을 한얼극단은 대학로에서 무언극으로 외치고(?) 있는 셈이다.

이번 관람 행사에서 필자는 많은 것을 깨달았다. 첫째, 아동들과 함께 관람하면서 사람은 누구나 자기 수준에 맞게 문화를 이해하고 소화한다는 점을 알게 되었다. 센터의 아동들이 사회에 진출할 때는 인공지능 세상이 될 것이다. 그때 가장 필요한 덕목은 암기능력이 아니라 문화적 감수성이라는 생각을 해본다. 다음으로 가족 전원이 무언극이라는 공동 목표를 향해 매진하고 있는 한얼극단을 보며 가정의 행복, 가족 간의 대화 같은 소중한 가치에 대해 다시 한번 음미해본다. 끝으로 부정청탁방지법의 유탄은 화훼농가나 과수농가만 맞은 것이 아니다. 공짜 표 생길 때나 보러 가는 공연이 아니라, 다른 데서 아껴서라도 문화를 즐기는 분들이 점차 늘어나기를 기대한다.

[오종남의 행복세상] 한얼극단 무언극의 외침(?)(한국일보 2017.8.1.)

여덟 번째 이야기

우리들의 안타까운 **자화상**

부러움 대상이던 한국 경제 발전의 그늘
고도성장과정에서 인간 존엄성 소홀히 해
99%를 패배자 만드는 교육 되돌아봐야

필자는 지난 15, 16일 이틀 동안 말레이시아 고등교육부와 말라야 국립대학이 주최하는 '대학의 리더십과 거버넌스 회의(University Leadership and Governance Conference)'에 다녀왔다.

지난 몇십 년 동안 아시아는 세계 경제의 성장 엔진 역할을 해오고 있다. 그것은 무엇 때문일까? 여러 가지 이유가 있겠지만 필자는 교육을 빼놓고 이야기할 수 없으리라 생각한다.

우리나라를 비롯한 아시아의 부모들은 자식 교육을 수익성 분석을 할 필요조차 없는 좋은 투자로 생각하고 대학에 보냈다. 그 덕에 많은 대학이 생겨났고, 교육산업은 호황을 누렸다. 그리고 졸업생들은 산업역군으로서 경제 발전의 원동력이 되었다. 하지만, 이제는 예전처럼 고도성장이 가능하지 않게 되고, 졸업 후 취업도 어렵게 되자 부모들은 자식 교육의 수익성을 따지기 시작했다. 게다가 젊은이들이 결혼을 하지 않거나, 하더라도 아이를 덜 낳는 풍조가 늘어나면서 대학은 재정적 어려움에 직면하게 되었다. 위 회의는 재정적 어려움에 직면한 대학 책임자들이 함께 모여 그에 대한 해결 방안을 모색하기 위한 국제회의였다. 필자는 마지막 세션에서 한국의 경험을 소개해달라는 요청을 받고 참석했다.

이번 회의의 첫 강연은 '지식의 탈식민화(De-colonizing Knowledge)'라는 다소 철학적인 주제였다. 인류 역사를 통틀어 과거부터 이제까지 지식이 어떻게 해서 생성되고 확산되었는지를 강의하던 연사는 끝날 즈음에 뜻밖에도 한국에 관한 이야기를 꺼냈다. 부러운 점을 이야기할 것으로 기대하던 필자에게 연사는 등골이 오싹해지는 내용을 발표했다. 요지는 말레이시아가 동방정책으로 배우고자 노력해온 한국이 경제 발전은 이루었으나 오늘날 자살률 세계 1위의 나라가 되었다는 것이다.

잘 알려져 있다시피, 말레이시아는 1981년 제4대 마하티르 수상 취임을 계기로 일본과 한국을 배우자는 소위 '동방정책 (Look East Policy)'을 발표했다. 이는 지금까지 서양 특히 옛 종주국인 영국을 향했던 말레이시아의 자세를 동방 특히 일본, 한국으로 눈을 돌려 기술과 경영을 배워 말레이시아의 공업 발전과 근대화를 가속화하자는 정책이었다. 그 일환으로 말레이시아 공무원을 우리나라 '국가공무원인재개발원'에 위탁해서 3주 동안 훈련시키는 프로그램이 생겨났고, 필자는 몇 년째 그 프로그램에서 '한국의 경제 발전'에 대해 강의하고 있다. 강의를 들은 말라야 국립대학의 한 공무원이 필자를 연사로 추천한 덕분에 위 회의에 참석하게 되었다.

한국의 자살률 이야기를 듣는 순간부터 필자는 깊은 고민에 빠졌다. 고뇌 끝에 필자는 우리나라가 걸어온 길을 소개하기로 했다. 한국이 경제개발을 본격적으로 시작하던 1961년 1인당 소득은 100달러 미만으로 300달러에 가깝던 말레이시아나 필리핀의 3분의 1 수준에 불과했다. 그런 여건에서 경제 발전을 도모하다 보니 풍부한 인력을 바탕으로 능력을 개발해서 활용하는 전략을 쓸 수밖에 없었다. 한동안 정부 조직마저 교육부에서 교육인적자원부로 바꿀 정도였다.

하지만, 이제는 교육이 사람을 인적자원으로 보고 개발(Human

Resources Development)할 것이 아니라 사람을 사람으로 보는 인간개발 (Human Being Development)을 할 때가 되었다는 필자의 생각을 이야기했다. 이와 함께, 한국은 신정부 출범과 더불어 가난 극복을 위한 고도성장 과정에서 소홀히 했던 인간의 존엄성에도 관심을 기울이는 정책을 추진하고 있다는 점도 소개했다.

한국이 경제성장은 이루었다고 하지만 행복이라는 시각에서 보면 자살률 세계 1위라는 외국 학자의 지적을 들으며, 필자는 우리의 교육이 어떤 것이 되어야 하는가를 다시 생각해 보게 되었다.

친구도 경쟁 상대가 되는 입시제도 하에서 99%를 패배자로 만드는 교육이 아니라, 민주사회의 일원으로 더불어 살아가는 시민을 키워낼 역사적 책무가 우리 어깨 위에 놓여 있다는 심정으로 필자는 귀국길에 올랐다.

[오종남의 행복세상] 외국인이 지적한 자살률 1위의 한국(한국일보 2017.8.22.)

아홉 번째 이야기

듣고, 듣고, 듣고 그리고 말하기

하고 싶은 말보다 듣고 싶어 하는 말을
그 나이 때는 우리도 몰랐음을 알아야
성공은 또 만나고 싶은 사람 되는 것

다른 사람과의 소통은 언제나 어렵다. 특히 세대 차이가 날 경우에는 더욱 그렇다. 필자는 지난 6월 하순, 재단의 감사를 맡고 있는 하나고등학교로부터 전교생이 참석하는 명사특강 시간에 강연을 해달라는 초청을 받았다.

학생들과의 나이 차이를 가늠하기 위해 필자의 학창시절을 돌이켜보니 1967년에 고등학교 1학년이었다. 50세나 나이 차이가 난다는 사실을 깨닫고 걱정이 앞섰다. 50년 후배들에게 무슨 내용을 들려줘야 학생들에게 도움이 될까? 더구나 오후 세시부터 시작되는 강연에서 어떻게 주목하게 만들 수 있을까, 강의 내용과 전달 방식 둘 다 고민이었다.

고심 끝에 두 가지 원칙을 정했다. 우선 교장 선생님께 소개를 생략해 주십사 부탁을 드리기로 했다. 필자의 학창시절을 돌아볼 때 강사가 대단한 명사라는 소개를 들으며 감동한 기억이 별로 없다. 더욱이 대학부터 시작하는 이력서는 그 사람이 자라온 환경에 대해 오도하는 경우도 적지 않다. 고등학생들의 관심사는 연사가 자기 또래였을 때 무슨 고민을 하고 살았는지가 아닐까? 다음, 일방적인 강연보다 학생들로부터 질문을 미리 받고 거기에 답하는 형식으로 진행하기로 마음먹었다. 명문대 진학률로는 전국에서 선두권인 하나고등학교 학생들에게 필자는 학업 성취 못지않게 인성도 중요하다는 점을 강조하고 싶었다. 하지만, 일방적으로 인성이 중요하다는 강연을 한다면 학생들은 귀담아듣지 않을 것이 분명하다고 생각했다.

강의를 시작하면서 학생들에게 질문을 먼저 받겠다고 제안하자 많은 학생이 손을 들었다. 한 학생은 필자가 서울대학교 초빙교수임을 감안, "대학 진학 이전의 고등학생에게 바라는 점은 무엇인가"라고 질문했다. 필자는 "지식도 중요하지만 예의 바른 학생이 되는 것도 중요하다"는 점을 농담을 섞어 이야기했다. 그 학생은 수강 소감에서 "지성과 인성을 겸비한 사람이 되겠다"는 다짐을 보내왔다. "사람을 사로잡는 방법"을 물은 학생의 질문에 대해 필자는 "성공이란 또 만나고 싶은 사람이 되는 것"이라고 정의하면서, 그러기 위해 때로는 "손해 볼 줄도 아는 사람이 되라"는 이야기를 들려주었다. "살면서 가장 힘든 순간은 언제였느냐"는 질문에 대해서는 "가장 힘들었던 순간이 되돌아보니 가장 도움이 되었다"는 답변을 했다. 이 학생은 이 답변이 가장 기억에 남을 것 같다는 소감을 보내왔다. 이렇게 질의응답 형식으로 진행하다 보니 한 시간이 금방 지나갔다.

얼마 전 학교로부터 학생들의 수강 소감이 포함된 앨범을 받았다. 학생들의 다짐이 들어있는 소감을 읽으며 필자는 새롭게 시도해 본 젊은 세대와의 소통방식이 효과적이었음을 느낄 수 있었다.

우리 기성세대는 자기가 알고 있는 지식이나 깨달은 지혜를 다음 세대에게 빨리 가르쳐주고 싶은 충정에서 조급하게 서두르는 경향이 있다. 하지만, 여기에는 두 가지 위험이 있다.

첫째, 우리가 지금 이 나이에 깨달은 사실은 젊은 세대의 수준에는 안 맞는 경우가 많다. 사실, 원활한 대화를 위해서는 상대방 눈높이에 맞추어 말하는 것이 필요하다. 다음으로, 흔히 우리는 젊은 세

대가 듣고 싶은 이야기가 아니라 우리 세대가 하고 싶은 이야기를 하는 경향이 있다. 이럴 경우, 상대방은 듣는 체하지만 머릿속으로는 딴생각을 하고 있을지도 모른다.

지인들로부터 자녀와 의사소통을 원활하게 하는 방법에 대해 종종 질문을 받곤 한다. 이들에게 필자는 자녀에게 뭘 가르치려 들기보다 자녀가 먼저 말하게 하라고 권유한다. 부모가 자녀의 이야기를 들어주지 않는다면 자녀는 더 이상 대화를 원하지 않을 것이기 때문이다. 다음, 자녀 나이 때의 본인을 돌아보라고 충고한다.

우리는 지금 알고 있는 것을 자녀 나이 때도 이미 알고 있었던 것처럼 착각하고 자녀를 지도하려는 경향이 있다. 하지만, 다시 생각해보면 우리도 그 나이에 몰랐거나 시행착오를 겪었다. 이 점을 인정하고 대화를 시작하는 것, 이것이 젊은 세대와 소통하기 위한 첫걸음이 아닐까?

[오종남의 행복세상] 젊은 세대와 소통하는 첫걸음(한국일보 2017.9.12.)

열 번째 이야기

도움은 주는 사람이 먼저 행복하다

'주제 파악'과 '분수'가 노후의 지혜
있는 돈에 맞추어 지출을 제한해야
나보다 힘든 사람에 나눔 실천하길

필자는 지난 10월 12일 '한국생산성본부 CEO 북클럽'의 초청을 받고 '당신은 행복하십니까?'라는 강연을 했다.

당초 필자는 본인의 전공이나 관심 분야가 북 클럽의 주제 '신산업혁명'과는 상당한 거리가 있는 만큼 강연을 망설였다. 하지만, 결국 초청에 응하게 되었고 이를 계기로 개인과 사회가 두루 행복하기 위한 방법을 나름 정리해 보기로 했다.

통계청이 발표한 생명표에 의하면, 1960년 52세에 불과하던 한국인 평균수명은 2015년에는 82세를 넘어섰다(남자 79세, 여자 85세). 55년 동안에 30세나 늘어난 셈이다. 이런 추세라면 평균수명이 90세가 될 날도 머지않았다. 그만큼 은퇴 후 살아야 할 노년의 시간이 길어지고 있는 것이다. 그러나 여생이 길다는 것은 생각만큼 즐거운 일이 아닐 수도 있다. 노후준비가 덜 된 상태에서 맞는 노년은 오히려 부담으로 다가온다.

노년의 가장 큰 걱정은 아무래도 '경제적인 준비'라고 할 수 있다. 각종 언론에는 '인간다운 삶을 위한 최소한의 노후자금은 얼마'라는 식의 보도가 자주 나온다. 하지만, 필자는 '노후를 위한 필요자금'이라고 특정 금액을 보도하는 것에는 의견을 달리한다. 은퇴 시점에서 필요한 노후자금이 5억 원이라는 보도를 보고 3억 원 정도의 노후자금을 준비해 놓은 사람이 모자라는 돈을 채우기 위해 사업을 벌이다가 날리는 경우도 있다. 그러므로 필자는 노후생활의 지혜는 국어와 산수 시간에 배운 '주제 파악'과 '분수'를 지키는 삶이라고 주장한다. 다시 말해서, 은퇴 시점에서 '있는 돈에 맞추어 지출을 통제'하는 소위 '양입제출(量入制出)'을 권장한다.

다음은 행복지수에 관한 이야기다. 행복의 반대는 '불행'이 아니

라 '불만'이다. 불만이란 자기가 바라는 것을 채우지 못했을 때 느끼는 심적 상태를 말한다. 다시 말해서 행복지수는 자기가 바라는 것 가운데 얼마만큼 채웠는가에 대한 비율이다(행복지수=자기가 성취한 것/자기가 바라는 것). 따라서 행복지수를 높이는 길은 '더 많이 성취하는 방법'도 있지만 '더 적게 바라는 방법'도 있을 수 있다.

필자는 가끔 주례사에서 신랑과 신부에게 결혼식이 끝난 후부터는 서로 상대방에 대한 기대수준을 반으로 줄이라는 당부를 하곤 한다. 설령 상대방이 예전 기대치의 70%만 해준다고 하더라도 기대수준을 50% 낮춘 후라면 불만이 아니라 감사하는 마음이 생기게 될 것이다. 이 원칙은 부모와 자식 간에도, 친구 간에도, 직장 동료 간에도 널리 적용될 수 있는 것이기도 하다.

끝으로 '행복해지려면 다른 사람과 비교하라'고 권한다. 사람들은 흔히 '남과 비교하지 않는 것이 행복에 이르는 비결'이라고 하지만, 필자는 그와 반대다. 인간은 태어날 때부터 남과 비교하는 습성을 가지고 태어난다. 인간에게 남과 비교하지 말라고 주문하는 것은 손바닥으로 눈을 가리고 해가 안 떴다고 말하는 것과 같다. 다만, 비교할 때 나보다 나은 사람만 쳐다보지 말고 전후좌우를 두루 살펴보도록 권한다. 그러면 세상 살기가 나만 힘든 것 같지만 모든 사람이 각자 나름 힘들게 살아간다는 사실을 알게 된다. 그걸 깨달음으로써 위안도 받게 되고 측은지심도 생길 것이다.

세계는 지금 저출산 고령화 등 여러 가지 요인이 겹쳐 복지 수요가 엄청나게 늘어나고 있다. 정부 혼자서 재정만으로 감당할 수 있는 수준을 이미 넘어섰다. 개인이든 시민단체든 모두가 힘을 모아도 해결하기 쉽지 않은 지경이다. 이러한 때, 나보다 더 힘든 사람을 위해 나눔을 실천하는 일이야말로 개인도 사회도 두루 행복해질 수 있는 방법이 아닐까? 여기서 필자는 청마 유치환의 '행복'이라는 시를 떠올린다.

'사랑하는 것은 사랑을 받느니보다 행복하나니라.' 이를 조금 바꾸면 '도움 주는 것은 도움을 받느니보다 행복하나니라'가 된다. 필자가 잠시 유니세프 한국위원회 사무총장을 하면서 뼈저리게 느낀 교훈이기도 하다.

[오종남의 행복세상] 청마 유치환의 '행복'(한국일보 2017.10.31.)

열한 번째 이야기

직장에서 '빽' 만들기

금수저와 흙수저 출발점부터 달라도
인복(人福) 만들기 자신에 달려 있어
스스로가 복을 많이 지을 수 있어야

'운칠기삼'의 뜻을 찾아보면 "사람이 살아가면서 일어나는 모든 일의 성패는 운에 달려 있는 것이지 노력에 달려 있는 것이 아니라는 말"이라고 풀이되어 있다.

"운이 7할이고 재주가 3할"이라는 의미이니 모든 일의 성패는 70%가 운에 달려있고 인간의 재주나 노력의 비중은 30%라는 뜻이다. 여기서 더 나가 '운칠복삼'이라고 해서 실력이나 노력의 여지는 아예 없고 소위 '빽'만이 중요한 요소라는 표현까지 등장했다.(사전에는 '빽'이

'백back'의 잘못이라고 씌어 있지만, '빽'이 많이 쓰인다). 근래에는 '금수저, 흙수저' 논쟁마저 가세하여 흙수저로 태어난 사람은 금수저로 태어난 사람과 출발점부터 달라서 제아무리 노력해도 경쟁에서 이기기 힘들다고 한다.

젊은이들의 상담을 많이 받는 필자는 '운칠기삼'이나 '운칠복삼'을 말하며 자조하는 청년들에게 무슨 말을 해주어야 할지 고민하게 된다. 역학에서는 태어난 '연월일시'로 운세를 풀이한다. 하지만, 같은 시각에 태어나더라도 어느 가정에서 태어나는가 역시 운을 결정하는 중요한 변수일 터이다. 흥미로운 사실은 이 두 가지 모두 인간의 의지와는 상관없이 나면서 주어진다는 것이다. 반면에 복은 좀 다르다. 운처럼 '있다, 없다'는 표현도 있지만 '복을 받다, 못 받다'는 표현도 쓰인다.

사람들이 중요하게 말하는 복 중에 '인복'이 있다. 이는 "다른 사람의 도움을 많이 받는 복"이라는 의미다. 자기 인생에 도움이 되는 좋은 사람을 만나는 경우 "인복이 있다"라고도 하지만 "복을 받았다"라고도 말한다. 물론 누구나 도움을 주는 좋은 사람을 만나고 싶어 한다. 하지만 모든 사람이 다 좋은 사람을 만나는 것은 아니다. 자기 의지와 상관없이 누군가를 만나게 된 후 '복을 받는 관계'로 만들어 가는 일은 결국 자기 몫이다.

필자는 직장 상사나 동료가 호감을 가진 부하나 동료를 천거하는 '일터에서 생긴 빽'이라는 의미로 '일빽'이라는 용어를 곧잘 사용한다. 굳이 문자로 표현하면 직장에서 생긴 인연이라는 의미로 '직연(職緣)'이라고나 할까? 혈연, 학연, 지연 등 소위 받쳐주는 배경(빽)이 없어서 아무것도 할 수 없다고 자조하는 젊은이에게 필자는 '일빽을 만들라'고 권한다.

일본의 니시나카 쓰토무 변호사는 50년 가까운 세월 동안 만난 만 명이 넘는 의뢰인들의 삶을 분석한 자료를 토대로 '운을 읽는 변호사'라는 책을 출간했다. 그는 몇 번이나 똑같은 곤경에 빠져 자신을 찾아오는 '운 나쁜 사람'과 하는 일마다 승승장구하며 행복한 인생을 사는 '운 좋은 사람'을 비교한 뒤, '운이 좋아지게 하는 방법'이 있다는 확신을 갖게 되었다. 필자는 니시나카 변호사가 말하는 '운이 좋아지게 하는 방법'과 필자가 말하고자 하는 '복을 받는 방법'은 서로 일맥상통한다고 생각한다.

필자가 생각하는 '복을 받는 방법'은 한번 인연을 맺은 사람에게 '또 만나고 싶은 사람이 되는 것'이다. 또 만나고 싶은 사람이 되는 비결은 '자신이 손해를 보는 삶'을 사는 것이다. 필자는 이를 '적자생존(赤字生存)'이라고 이름 지었다. 궂은일에는 앞장서고, 상을 줄 때는 뒷

전에 선다면 당장은 손해를 볼지 모르나 이는 결국 '복을 받는 비결'이 될 것이다. 그러다가 맨날 손해만 보는 삶을 살게 될까 두렵다고 걱정하는 사람도 있지만, 인간에겐 '염치'라는 것이 있어서 남에게 매번 손해만 끼치려는 사람은 세상에 그다지 많지 않다.

좋은 가문에 태어나지 못했다고 일류 학교에 다니지 못했다고 출신 지역이 나쁘다고 혈연, 학연, 지연을 한탄하지 말자. 그 대신 현재 주어진 위치에서 최선을 다하면서도 아울러 '적자생존'을 실천함으로써 함께 일하는 사람으로부터 '또 만나고 싶은 사람'이 되는 직연(일빽)을 만들자. 예로부터 이를 함축적으로 나타내는 좋은 표현이 있다. "복 많이 지으세요!" 복을 많이 받는 비결은 결국 스스로 복을 많이 짓는 것이다.

[오종남의 행복세상] 운칠기삼, 운칠복삼, 그리고 '일빽'(한국일보 2017.11.21.)

열두 번째 이야기

12월을 관계 개선의 달로…

술한 모임 수동적으로 참가하는 대신
주도적으로 일정을 정해서 살아 보자
챙기지 못한 분들과의 만남 우선해야

통상 12월은 누구에게나 약속이 가장 많은 달이다. 필자도 예외가 아니어서 12월엔 각종 모임이 겹쳐 잇따른다.

하지만, 필자에게는 12월이 가장 여유로운 달이다. 아니, 여유롭게 살려고 노력한다. 어떻게 그런 일이 가능한가? 발상의 전환 덕분이다. 여러 모임이나 약속이 겹치게 되면 어차피 다 참석하는 것은 불가능하고 못 가는 곳에는 양해를 구할 수밖에 없다. 그럴 바에야 발상을 전환해서 12월 모임에는 일단 전부 못 간다고 양해를 구하고 그 대신 스스로를 위해 시간을 쓰는 방법을 선택하는 것이다. 다시 말하면, "시간은 있는 것이 아니라 내는 것"이라는 발상으로 12월만큼은 다른 사람과의 약속이나 모임에 수동적으로 움직이는 대신 자신이 주도적으로 일정을 정하고 살아보는 것이다.

2002년 2월 통계청장으로 부임해서 처음 맞은 12월에 이런 생각을 실천으로 옮겨본 경험이 있다. 기관장으로 있다 보니 12월에는 더더욱 이런저런 명목의 모임이나 약속이 감당하기 어려울 만큼 몰려왔다. 흥미로운 점은 "모임이 겹쳐서 참석하지 못한다"는 연락을 취했을 때 평소와 다르게 상대방이 쉽게 이해를 해준다는 느낌을 받았다. 워낙 약속이 많은 연말이니까 그럴 수도 있겠거니 하고 생각한 때문이리라.

이를 계기로 발상의 전환을 시도해보기로 했다. 어차피 모든 모임에 다 참석하지 못할 바에야 차라리 모든 곳에 참석이 어렵다고 통보하고 그 대신 한 해 동안 제대로 챙기지 못한 분들과의 만남을 위해 시간을 쓰기로 마음먹은 것이다. 특히, 평소에 기관장으로서 외부에서 많은 시간을 보내느라 충분한 대화를 함께 하지 못한 직원들과 시간을 보내야겠다는 생각을 했다. 그렇게 해서 12월 한 달 동안 500명이 넘는 직원들과 점심이나 저녁을 함께하려고 노력했다. 그 결과는 대단히 긍정적이었다. 직원들은 청장이 가장 바쁜 12월에 일부러 시간을 내서 함께 해준 점에 대해 고마워하는 느낌이었다.

얼마 전 직장 동료 몇 사람과 식사하는 자리에서 한 분이 "평소에도 많이 바쁘신 분이 12월에 그 많은 일정을 어떻게 소화하세요?" 하고 물었다. 일단 유머로 대답했다. "소화제 먹고 소화하지요!" 그렇게 분위기를 부드럽게 만든 후에 진짜 하고 싶은 이야기를 꺼냈다. 통계청장 재직 시절의 경험을 소개하면서 그 후부터 12월에 가장 여유롭게 산다는 이야기를 들려주었다. 그리고 그 동료에게도 가급적 그렇게 해보면 어떻겠느냐고 제안했다. 그날 함께 한 다른 동료들도 실천에 옮겨 보겠노라는 다짐을 했다.

여기서 용기를 얻어 그 뒤 서울대 과학기술산업융합최고과정(SPARC)의 "2017 송년의 밤" 특강에서도 이 이야기를 들려주었다. 그 자리에는 특히 중소기업의 최고경영자나 임원이 많기 때문에 그들에게 연말에 가급적 직원들과 많은 시간을 보내보도록 권했다. 여기서도 많은 분들이 당장 이번 12월부터 실행으로 옮겨보고 싶다는 반응을 보였다.

기회 있을 때마다 강조하는 바지만, 지금 우리 사회의 불만은 경제적인 이유만이 아니라 경제 외적인 측면에서 비롯되는 경우도 적지 않다. 직장 상사나 동료로부터 제대로 인정받지 못하는 데서 싹튼 불만족 또한 대단히 많다. 이러한 여건에서 직장의 최고경영자나 임원이 연말에 직원들과 식사를 함께 하면서 한 해 동안의 노고를 치하하고 그들의 이야기에 귀를 기울여준다면 소통을 원활하게 할 뿐만 아니라 직원들의 불만도 줄여주는 방법이 아니겠는가?

이런 의미에서 필자는 지인들에게 남들이 가장 바쁘다고 생각하는 12월을 역설적으로 가장 여유롭게(?) 보내보도록 권한다. 특히 1년 내내 바쁜 일정 때문에 소홀히 했던 가족이나 직장 동료들과의 대화시간을 늘려보라고 제안한다. 이야말로 한 해를 슬기롭게 돌아보고 새해를 멋지게 설계하는 지혜로운 방법이 아니겠는가?

[오종남의 행복세상] 12월을 가장 여유롭게(?) 사는 법(한국일보 2017.12.12.)

열세 번째 이야기

추하게 늙지 않고 곱게 나이 들기 (Well ageing)

늙는 것이 아니라 익어가는 것

세상 누구나 힘겹게 살고 있어

숫자보다는 사람이 존중받아야

필자가 사회생활을 시작한 1975년 이후 어느 한 해인들 연말에 "다사다난했던 한 해"라는 표현을 들어보지 않은 기억이 없다.

2017년의 가장 큰 사건은 단연 헌정사상 초유의 대통령 탄핵과 임시 대통령선거를 통한 5월 10일 문재인 정부의 출범일 것이다. 이로써 두 차례 이어진 보수정권은 진보성향의 정권으로 교체되었다.

정권교체 못지않게 필자를 더 바쁘게 만든 것은 정책패러다임의 대전환이었다. 다국적 기업의 최고경영자를 매일같이 만나는 필자에게는 신정부의 새로운 정책 방향을 설명해 달라는 요청이 그 어느 때보다 많았다. 이제까지 인간을 '인적자원' 시각에서 개발하고 활용한 패러다임에서 '사람'을 중심에 둔 패러다임으로 신정부가 바꾸게 된 배경과 이에 바탕을 둔 정책 방향을 설명하느라 2017년 하반기 필자는 유난히 바쁜 나날을 보냈다. 그렇게 정신없이 지내다 보니 어느덧 연말이 되고 종무식을 맞게 되었다.

필자는 지난 연말 종무식에서 송년사를 해달라는 부탁을 받았다. 사전에 준비는 해두었으나 막상 종무식장에 가보니 준비한 송년사를 정식으로 하기에는 분위기가 어수선한 듯해서 송년사 대신 가요를 한 곡 감상하자고 제안했다. 김종환이 작사 · 작곡한 노사연의 '바램'이라는 노래 가사가 숨 가빴던 2017년을 힘겹게 헤쳐 나온 동료들을 위로하고 격려하기에 더 적합하리라 생각했기 때문이다. 아마추어가 반주도 없이 부르는 노래인 만큼 곡이 서툴더라도 양해하고 가사 중심으로 들어달라는 부탁과 함께 노래를 불렀다. 이 노래를 모르는 독자를 위해 노래 가사를 소개해본다.

'내 손에 잡은 것이 많아서 손이 아픕니다. 등에 짊어진 삶의 무게가 온몸을 아프게 하고 매일 해결해야 하는 일 땜에 내 시간도 없이 살다가 평생 바쁘게 살아왔으니 다리도 아픕니다. 내가 힘들고 외로워질 때 내 얘길 조금만 들어준다면 어느 날 갑자기 세월의 한복판에 덩그러니 혼자 있진 않겠죠. 큰 것도 아니고 아주 작은 한마디 지친 나를 안아주면서 사랑한다 정말 사랑한다는 그 말을 해준다면 나는 사막을 걷는다 해도 꽃길이라 생각할 겁니다. 우린 늙어가는 것이 아니라 조금씩 익어가는 겁니다.'

우리는 일상에서 너무 바쁜 나머지 나를 돌아볼 '내 시간'을 갖지 못한 채 살아간다. 그렇게 바쁘게 살다 보면 어느 날 갑자기 덩그러니 혼자 있는 느낌을 갖게 된다. 직장동료야말로 어쩌면 가족보다 더 많은 시간을 함께 보내는 동반자다. 눈뜬 시간을 기준으로 계산하면 특히 그렇다. 그런 동료 사이에 서로가 서로의 얘기를 들어주고 다독거려주는 동료애를 발휘하자는 이야기를 노래 가사를 빌려서 전하고 싶었다. 특히 마지막 소절 '우린 늙어가는 것이 아니라 조금씩 익어가는 겁니다'는 우리 모두가 한 번쯤 곱씹어볼 만한 내용이 아닐까?

세상 사람들은 모두가 나름 힘겹게 살아간다. 오죽하면 부처님은 삶을 '고해'라고 했을까? 또한 거의 모든 사람들은 자신이 가장 힘들다고 생각한다. 그래서 필자가 우스갯소리로 만든 법칙이 있으니 '만인고통균등의 법칙'이다. 모두 자기가 가장 힘들다고 생각하니 결국 만

인이 각자 느끼는 고통은 거의 비슷한 수준이라는 것이다.

그렇다면 연말연시를 어떻게 보내는 것이 가장 좋을까? 평소 바쁘다는 핑계로 연락조차 못 하고 사는 지인들에게 잠시 짬을 내서 안부를 묻고 위로하며 격려하는 것도 괜찮은 일이 아닐까? 그렇게 함으로써 서로 소원해진 관계도 복원하고 위로도 주고받으면서 한 해를 마감하고 새로운 한 해를 시작하는 것도 의미 있지 않을까? 평시에도 이렇게 실천한다면 더더욱 좋을 것임은 물론이다.

정부에 따르면 올해 1인당 국민소득 3만 달러 시대가 도래한다고 한다. 하지만 그보다 더 중요한 것은 사람을 인간답게 대접하고 서로 존중하는 사회를 만드는 일이 아닐까? 숫자를 강조하는 대신 사람을 존중함으로써 모든 국민이 신바람이 난다면 행복지수도 올라가게 되고 국민소득 3만 달러 시대도 역설적으로 더 빨리 도래하지 않을까?

[오종남의 행복세상] 종무식 송년사 '바램'(한국일보 2018.1.2.)

열네 번째 이야기

사촌이 땅 사면 나에게 유리한 까닭

남 잘되면 자신에게도 좋은 일 많아
업무상 친분 우정으로 이어갈 수 없나
우선은 가족과의 관계 회복에 힘쓰자

요즘 '나 혼자 산다' '나는 자연인이다' 같은 TV 프로그램이 높은 시청률을 보이고 있긴 하지만, 아리스토텔레스의 "인간은 사회적 동물"이라는 말에 이의를 달 사람은 거의 없을 것이다.

따라서 인간이 다른 사람과 어떤 관계로 살아갈 것인가 하는 문제는 동서고금을 막론하고 대단히 중요한 과제라고 말할 수 있다.

많은 사람들은 "행복해지려면 남과 비교하지 말라"고 충고한다.

하지만 필자는 자기보다 나은 사람하고만 비교하는 우를 범하지 않는다면 남과 비교함으로써 진정한 행복을 느낄 수 있다는 주장을 편다. 다시 말해서, 자기보다 나은 사람뿐만 아니라 자기보다 못한 사람과도 비교할 때 비로소 감사한 마음이 우러나오고 행복도 느낄 수 있다는 생각이다.

우리 속담에 "사촌이 땅을 사면 배가 아프다"는 말이 있다. 이는 남이 잘되는 것을 축하해 주는 대신 질투하고 시기하는 경우를 비유적으로 일컫는 말이다. 남의 성공이 자기를 불행하게 느끼게 만든다는 것이다. 정말 그런가? 가까운 사람이 땅을 사면 최소한 자기에게 도움을 청할 가능성은 줄어든다고 할 수 있다. 빚보증을 서달라는 친구의 부탁을 받고 난감했던 경험을 한 사람이라면 이 말을 실감할 것이다. 그뿐인가? 별장은 본인이 소유하기보다는 갖고 있는 친구를 두는 편이 더 좋다는 우스갯소리도 있다. 자기가 별장을 소유하고 관리하는 번거로움은 피하고 친구 별장을 가끔 한 번씩 이용만 하는 경우가 더 좋지 않겠는가?

필자는 업무상 다국적 기업의 최고경영자나 임원들을 많이 만난다. 대개는 그들과 식사를 함께 하면서 한국의 비즈니스 환경에 대해 조언을 하거나 문화나 역사 이야기를 나누는 가운데 상호 친분을 쌓고 신뢰 관계를 형성한다. 민간부문에 나와 일한 지난 10여 년 동안 이렇게 맺은 지인이 30여 년 공직생활에서 쌓은 인연보다 더 많은 것 같은 느낌이 들 정도다.

다만 한 가지 아쉬운 점이 있다면, 이들과의 관계가 업무로 맺어진 동반자 관계(business partnership)이기 때문에 함께 협력할 비즈니스가 끝나게 되면 자연스럽게 파트너십(partnership)도 끝난다는 점이다. 이 점을 안타깝게 생각하면서 필자는 파트너십을 프렌드십으로 승화시킬 방법은 없을까 고민하게 된다. 친구 관계로 발전하게 되면 함께 도모할 비즈니스가 끝난 후에도 관계가 지속되지 않겠는가?

이렇게 하려면 무엇이 필요할까? 옛 속담에 "어려울 때 친구가 진정한 친구"라는 말이 있다. 서양에도 똑같은 속담이 있다. "A friend in need is a friend indeed." 하지만, 요즈음 세상에는 어려움을 함께 고민하고 조언하는 것만으로 부족하지 않을까? 한 걸음 더 나아가 이들의 성공을 진심으로 축하해주는 마음가짐 또한 필요할 것이라는 생각이 든다.

이게 어디 필자 혼자만 경험하는 일이겠는가? 대한민국을 여기까지 발전시키는 과정에서 이 땅의 수많은 직장인들은 가족과의 관계마

저 소홀히 하면서 오로지 경쟁에서 이기기 위한 구도에서 살아왔다. 한평생 업무상 만나는 파트너와 거의 모든 시간을 보냈다고 해도 과언이 아니다. 이들은 업무상 동반자 관계를 평생 가는 프렌드십으로 생각하고 살지만, 업무상의 관계란 대개 직장을 떠나는 순간 끝나고 만다. 그뿐인가? 그 과정에서 가족과의 관계도 소원해지고 가족들은 가장(家長) 없는 삶에 익숙해진다.

뒤늦게 반성하면서 가정의 일원으로 합류하려 하지만 가족이 잘 받아주지 않아 난감해하는 경우를 주변에서 우리는 많이 본다. 본인은 한평생 가족을 위해 희생했다고 생각하지만 가장 없는 생활이 몸에 밴 가족 입장에서 보면 이해 안 되는 것도 아니다.

이제부터는 어려움도 함께하지만 성공도 축하해줌으로써 파트너십을 넘어 프렌드십으로 승화하도록 노력하자. 늦었다고 생각되는 지금이라도 가족과의 관계를 복원하려고 시도하자. 그러기 위해서 구체적으로 어떻게 살 것인가는 각자가 고민해서 답을 찾아야 할 자기 몫이다.

[오종남의 행복세상] '파트너십'을 넘어 '프렌드십'으로(한국일보 2018.1.23.)

열다섯 번째 이야기

'풍요 속의 불행'을 해소할 시대적 소명

고 강봉균 장관이 오래도록 꿈꾼 세상
빈국에서의 행복은 특권층에 국한될 뿐
'풍요 속의 불행' 해소는 후학들의 소명

필자는 지난 1월 31일 군산대에서 개최된 고 강봉균 장관 서거 1주기 추모 강연회에 다녀왔다.

1943년 군산에서 이른바 '흙수저'로 태어난 고인은 당시 고등학교 과정인 군산사범학교를 졸업한 후 초등학교 교사로 사회생활을 시작했다.

1963년 고인은 필자가 다니던 초등학교 교사로 부임했지만, 빈곤선 이하인 우리나라의 현실을 목격하면서 대학에 진학해서 공부를 더 해야겠다는 꿈을 꾸게 되었다. 교사 재직 중 서울대를 목표로 대학입시를 준비하는 고인을 두고 교장 선생님을 비롯한 동료 교사들은 분수를 모르는 무모한 도전이라고 수군댔다. 학부형들 또한 주제 파악을 못 하는 선생님이라며 곱지 않은 시선으로 바라보았다. 고인은 이런 세간의 시선에 아랑곳하지 않고 낮에는 선생님으로, 밤에는 수험생으로 주경야독해서 서울대 상대에 합격함으로써 뭇 사람들의 비난에 보란 듯이 답했다.

필자는 1975년 공직을 시작한 2년 후 경제기획원에 전입하면서 당시 상공예산담당관이던 고인과 인연을 이어가게 되었다. 1987년 5월부터 1년 반 동안 서울올림픽조직위원회 방영권(TV Rights)과장으로 파견되어 근무한 필자는 경제기획원 사회개발계획과장으로 복귀하면서 당시 경제기획국장이던 고인을 직접 모시고 일하게 되었다. 초등학교 스승이었던 분을 공직의 직속 상사로 모시게 되었으니 보통 인연이 아닌 셈이다.

한편 1969년 경제기획원에서 공직을 시작한 고인은 '경제개발 5개년 계획' 수립에 가장 많이 참여한 기록을 갖고 있기도 하다. 필자는 어느 날 고인으로부터 시골 사람이 맹장염이라도 걸리는 날엔 비싼 의료비 때문에 논밭을 파는 현실을 안타까워하는 말씀을 들은 적이 있다. 세계에 자랑할 만한 우리나라의 전 국민의료보험제도가 평소 서민의 고통을 함께 아파하던 고인이 경제기획국장이던 1989년 완성된 것은 결코 우연이 아니다.

그로부터 한참을 지난 1998년 2월 김대중 대통령 당선인은 당시 김영삼 정부에서 정보통신부 장관으로 일하던 고인에게 청와대 정책기획 수석비서관을 맡아 달라는 뜻을 전한다. 필자는 고인의 천거로 청와대 정책비서관으로 발령을 받으면서 다시 모실 기회를 갖게 되었다. 주지하다시피 당시 우리나라는 외환위기를 맞은 풍전등화 같은 상황에서 과연 벗어날 수 있을 것인가에 대한 우려가 팽배하던 시점이었다. 그러한 상황에서 나라를 백척간두에서 구해야겠다는 강렬한 열정으로 위험을 두려워하지 않고 위기극복에 헌신하던 고인을 보좌한 경험은 필자로서 일생일대의 가장 큰 보람이다.

지금의 기성세대라면 누구나 암기했던 기억이 있는 1968년에 공포되어 1994년 사실상 폐지된 '국민교육헌장'이 있다. 정치적인 성향에 따라 '국민교육헌장'에 대한 논란은 있을 수 있으나 필자는 그 가운데 '나라의 융성이 나의 발전의 근본'이라는 문구에 주목한다. 고인은 경제 관료로, 정치인으로 평생을 "나라가 융성해야 개인도 발전한다"

는 신념 아래 사신 분이다. 나라는 풍요롭지 않은 데 나만 행복하다면 이는 일부 계층만이 누리는 특권일 터이다. 고인을 비롯한 전 국민의 피와 땀이 결실을 맺어 개발연대가 시작된 1961년 100달러도 채 안 되던 우리나라의 1인당 국민소득은 이제 3만 달러 수준에 이르렀다. 하지만 나라가 풍요로워진 만큼 개인의 행복으로 이어지지는 못해서 자살률은 세계 1위를 기록하고 있는 실정이다.

말년에 고인은 우리나라의 이러한 현실을 안타깝게 여기곤 했다. 필자가 특히 마음 아파하는 사실은 나라의 융성을 위해 전력투구하느라 정작 고인 스스로는 노후대비에 소홀히 함으로써 말년을 힘들게 살다 가신 점이다.

어떻게 하면 나라의 융성을 개인의 행복으로 연결 지을 수 있을까 항상 걱정하던 고인의 꿈을 제대로 실현시켜야 할 책무가 우리 후학의 역사적 소명이라는 다짐을 하면서 삼가 고인의 명복을 두 손 모아 빈다.

[오종남의 행복세상] 나라의 융성이 나의 발전의 근본(?)(한국일보 2018.2.13.)

군자삼락을 다시 생각한다

得天下英才而教育之三樂也

영재를 가르치는 것만 즐거움이 아니다.

낙오될 수 있는 사람 일으켜 세우는 것도 기쁨

'서울대 폐지론'을 자성의 계기로 삼아야

필자는 지난해 고등학교의 총동문회 회장을 맡게 되었다. 전혀 예기치 못한 상태에서 등 떠밀리다시피 맡고 보니 회장으로서 과연 무슨 의미 있는 일을 할 수 있을지 막막했다. 우선 총동문회 회칙을 찾아 제2조(목적) 조항을 읽어 보았다. 대부분의 동문회 회칙이 거의 비슷하겠지만, "회원 상호 간의 친목을 도모하고 모교 발전에 기여함"을 목적으로 한다고 규정하고 있다. 친목을 도모하는 일이야 종전 하던 대로 하면 되겠지만, 모교 발전에 조금이라도 남다르게 기여하려면 무슨 사업을 벌일까 고민 끝에 흔한 '장학금 배가 운동' 같은 일 대신에 무언가 새로운 일을 해보기로 마음먹었다. 이렇게 해서 필자의 고등학교 학창 시절 경험을 거울삼아 '멘토-멘티 사업', 일명 '형-아우 맺어주기 프로젝트'를 구상하게 되었다.

고등학교 때 도청 소재지로 진학한 필자는 학교 폭력에 시달려 보기도 했고, 내성적인 성격 탓에 친구를 쉽게 사귀지 못하는 어려움을 겪기도 했다. 더구나 아버지께서 일찍 군인으로 전사하신 후 홀어머니의 외아들로 자란 필자는 사춘기 시절 고민이 있더라도 딱히 상담할 형이나 누나가 없어 외로움을 느끼곤 했던 추억이 있다.

언젠가 필자는 고등학교 총동창회 명부를 들여다보다가 필자의 동기 8학급 480명 가운데 5%에 해당하는 25명이 졸업을 하지 못한 준회원임을 발견하였다. 여기에는 경제적인 이유도 있을 수 있고, 부모님의 전근으로 다른 학교로 전학 간 경우도 있을 수 있다. 또 친구들의 따돌림으로 학업을 포기한 경우도 있을 수 있다. 하지만, 자신의 의사와 달리 졸업을 못 하는 일은 생기지 않도록 도울 수 있다면 이 얼마나 보람 있는 일이겠는가 하는 생각을 평소에 갖고 있었다.

요즘 학생들 가운데 고민을 털어놓을 사람이 없어 힘들어하는 경우가 의외로 많다. 부모님이나 선생님이 채워주기 힘든 부분이 있기 때문이다. 그렇다면 학생들의 고민을 들어줄 수 있는 가장 좋은 사람은 누구일까? 같은 교정에서 3년을 지내며 사춘기를 겪고 비슷한 고민을 한 고등학교 선배가 아니겠는가? 따라서 고심 끝에 총동문회장으로서 모교 발전에 기여하는 사업의 일환으로 이와 관련된 일을 벌이면 좋겠다는 결론에 도달했다. 앞서 말한 '멘토–멘티 사업'은 이렇게 해서 기획된 것이다.

우선 적은 규모로 시작해보기로 하고 상담교사를 통해 고등학생 멘티 후보 30명을 선발했다. 그리고 이들 멘티가 원하는 전공학과와 가까운 학과에 다니고 있는 대학 1학년 선배 가운데 멘토 후보 30명을 선발하여 이들을 1:1로 맺어 주도록 했다. 그런데 대학생 선배는 자신의 공부도 해야 하고, 아르바이트도 해야 하는 상황에서 여기에 많은 시간을 뺏긴다면 이를 보상해줄 필요가 있다고 보았다. 그래서 50대 이상의 선배 가운데 시니어 멘토를 모집하여 이들에게 대학생–고등학생으로 엮어진 '멘토–멘티'와 연결해 주는 생각을 하게 되었다. 그러면 자연스럽게 '시니어 멘토–멘토–멘티'의 3인 1조 '형–아우 맺어주기 프로젝트'가 완성되는 것이다. 이렇게 함으로써 형과 아우처럼 학업 · 진로 · 가정 · 연애 등 각종 고민을 상담하게 하자는 취지다.

'형–아우 맺어주기 프로젝트'의 결연식장에서 필자는 강연 대신 가수 리아 킴의 '위대한 약속'이라는 노래를 들려주었다. 노래 가사 중 '위급한 순간에 내 편이 있다는 건 내겐 마음의 위안이고…'라는 부분이 멘토의 역할을 가장 잘 표현한 구절이라고 생각했기 때문이다.

물론 이 프로젝트는 이제 걸음마 단계다. 하지만 필자는 고등학생들에게 고민을 털어놓을 선배를 연결해주는 이 사업이 전국적으로 확대되었으면 하는 꿈을 꾸고 있다. 필자는 장학의 의미를 이제는 다시금 생각할 때가 되었다고 믿는다. 우수한 학생을 더 우수한 학생으로 북돋워 주는 장학 사업도 물론 보람 있는 일이지만 조금 부족한 학생을 격려해서 사회에 나가 제 몫을 할 수 있게 도와주는 일도 그에 못지않게 가치 있는 일이라고 생각한다.

이 대목에서 필자는 맹자(BC 372-289)의 군자삼락을 다시 생각해 본다. 일찍이 맹자는 그의 저서 《맹자》 진심편(盡心篇)에서 군자의 세 가지 즐거움, 군자삼락을 논했다. 부모님이 모두 살아 계시고 형제가 무고한 것이 첫째 즐거움이고(父母俱存兄弟無故一樂也), 위로는 하늘에 부끄럽지 않고 아래로 남들에게 창피하지 않은 것이 둘째 즐거움이요(仰不愧於天俯不怍於人二樂也), 천하의 영재를 얻어 가르치는 것이 셋째 즐거움이다(得天下英才而教育之三樂也).

여기서 필자는 영재를 지도자로 기르는 교육도 즐거움이지만 낙오될 수도 있는 사람을 일으켜 세우는 교육 또한 즐거움이요 보람이라고 말하고 싶다.

노무현 정부 시절 거론되던 서울대 폐지론이 근래 다른 형태로 다시 얘기되고 있다. 사람들은 왜 잊을만하면 서울대 폐지론의 불씨를 다시 지필까를 생각해본다. 국립 서울대학교는 개인의 영달을 넘어 나라와 민족의 지도자가 될 인재를 양성하고자 국가가 설립해서 국민의 세금으로 운영하는 대학이다. 그런 만큼 국민들은 서울대 졸업생들에게 무언가 사회에 도움이 되는 가치 있는 일을 해주기를 기대하게 된다.

서울대에 입학한 동문 한 사람 한 사람은 배출한 고등학교 입장에서 보면 내세우고 싶은 자랑스러운 동문이리라. 그런 자랑스러운 선배가 모교에 찾아와 낙오할 수도 있는 고등학생 후배의 멘토가 되겠다고 자청한다면 이 얼마나 고마운 일이겠는가? 작게 느껴질 수 있는 일이지만, 우선 나 한 사람만이라도 앞장서서 이런 일을 실천에 옮겨보면 어떨까?

이런 생각을 갖고 조동화 시인의 시 한 수를 떠올린다.

나 하나 꽃 피어

조동화

나 하나 꽃 피어
풀밭이 달라지겠느냐고
말하지 말아라

네가 꽃 피고 나도 꽃 피면
결국 풀밭이 온통
꽃밭이 되는 것 아니겠느냐

나 하나 물들어
산이 달라지겠느냐고도
말하지 말아라

내가 물들고 너도 물들면
결국 온 산이 활활
타오르는 것 아니겠느냐

[서울대학교총동창회신문 제471호] (2017.6.14.)

부록 1

매일경제신문

[매경의 창] 칼럼

촛불이 횃불로 번지지 않기를

연말이면 누구나 '다사다난했던 한 해'라고 말하지만 금년엔 유난히도 그 말이 실감이 난다. 매주 토요일 이어지는 촛불 집회는 그런 느낌을 더욱 갖게 한다. 민주적 절차에 의해 선출된 대통령을 국회에서 탄핵까지 하게 된 안타까운 현실에 국정 공백을 우려하는 목소리가 높다.

회고해 보면 필자가 1975년 공직에 입문한 이후 겪은 여러 사건들도 이번 사건에 못지않다는 생각이 든다. 1979년 10월 26일 박정희 대통령 유고가 있던 다음 날 아침, 당시 경제기획원 사무관이던 필자는 그날 발표할 신현확 부총리 겸 경제기획원 장관의 '대국민 담화문'

을 준비하는 팀의 일원으로 불려 나간 기억이 아직도 생생하다. '대통령 시해'라는 전대미문의 국정 공백 위기를 맞았지만, 경제만은 부총리가 책임지고 챙기겠다는 결연한 의지를 대내외에 신속하게 공표한 덕분에 우리 경제에 미치는 부정적인 영향을 최소화하고 큰 혼란을 막을 수 있었다.

외환위기를 맞은 1997년 말 당시 재정경제원 대외경제총괄 과장이던 필자는 캉드쉬 IMF 총재를 공항에서 영접해서 출국 때까지 밀착해서 시간을 함께 보낸 기억이 아직도 새롭다. 1998년 2월 김대중 대통령 취임과 함께 청와대 정책3비서관으로 발령받아 강봉균 정책기획수석을 모시고 '경제 활성화 실업 대책'을 준비하던 경험 또한 잊을 수 없다. 얼마 후 자리를 옮긴 강봉균 경제수석 밑에서 산업통신과학비서관으로서 재벌 개혁을 추진하던 일 역시 힘들었지만 커다란 보람으로 기억하고 있다. 500%가 넘던 대기업들의 부채비율을 200% 이하로 낮추는 뼈를 깎는 재무구조 개선을 강력히 추진한 덕분에 우리나라 대기업이 오늘날 세계적인 기업으로 발돋움할 수 있었고, 2008년 미국의 '서브 프라임 모기지' 사태로 비롯된 세계 경기 침체의 영향도 상대적으로 잘 피할 수 있었다고 믿는다. 우리 경제 발전 과정에 엄청난 사건사고와 국정 공백의 위기가 여러 차례 있었지만, 그때마다 온 국민의 힘을 모아 극복하곤 했다. 이번의 국정 혼란 역시 지혜롭게 극복

함으로써 '국정의 지배 구조'가 한 단계 높아지는 계기가 될 것으로 기대된다.

문제는 이러한 정치적인 혼란기일수록 서민들의 삶이 먼저 힘들어진다는 데 있다. 필자가 공직을 시작한 1975년 우리나라의 1인당 국민소득은 600달러였고 공직을 떠나 민간부문에서 활동을 시작한 2006년에는 2만 달러에 도달했다. 그렇다면 국민들의 행복지수도 소득이 늘어난 만큼 나아졌는가? 경제지표와 서민들이 느끼는 체감경기 간의 괴리는 어느 정도인가? 농촌에서 요즘 말로 소위 '흙수저'로 태어나 30여 년 경제 관료로 우리나라 경제 발전을 지켜본 필자로서는 이런 어려움을 극복하는 과정에서 먼저 팍팍해질 서민들의 민생은 누가 챙길지 걱정된다. 경제정책을 책임진 당국자들이야 새해 경제는 몇% 성장할지 수출은 얼마나 늘어날지에 신경을 쓰겠지만, 서민들의 관심사는 대체로 단순하고 소박할 것이다. 예컨대, 2월이면 학교를 졸업하게 될 내 자식이 취직은 할 수 있을까? 내 가게의 매출은 작년에 비해 얼마나 늘어날까? 집세 문제도 만만치 않다. 2015년 통계에 의하면 전국적으로 1,911만 가구의 44%인 841만 가구는 자기 집을 소유하지 못한 상태다. 이들로서는 2년마다 계약이 끝날 때면 집주인이 집세를 얼마나 올려달라고 할지가 가장 큰 관심사일 터이다.

다행히 얼마 전부터 정치권과 유일호 경제부총리가 민생을 챙기겠다는 목소리를 내기 시작했다.

천만다행이다. 수출이 늘어나고 주가지수가 상승하는 것도 물론 중요하지만, 서민들에게는 라면과 계란 값도 이에 못지않게 중요하다. 정치 문제에는 촛불이 켜지지만, 민생 문제에는 횃불이 타오를 수 있다. 서민의 삶을 챙기겠다는 정치권과 경제부총리의 발언이 말뿐이 아닌 실천으로 이어져 촛불이 횃불로 번지지 않기를 간절히 바란다.

[매경의 창] (2016.12.22.)

CEO가 가장 싫어하는 두 가지

필자는 직업상 최고경영자(CEO)를 많이 만난다. 재계를 움직이는 CEO들이 가장 싫어하는 것은 무엇일까? 한마디로 '수요 부족(Shortage of Demand)'과 '불확실성(Uncertainty)' 두 가지로 요약할 수 있다. 아무리 값싸고 좋은 물건을 만들더라도 팔리지 않으면 기업으로서 이익을 내기가 어려울 것이다. 그러니 기업 CEO가 가장 싫어하는 것이 '수요 부족'임은 쉽게 짐작이 간다. 한편 CEO의 중요한 역할인 사업 계획을 세우는 일은 장래가 불확실한 상황에서는 어려울 수밖에 없다. 그러므로 CEO가 싫어하는 또 한 가지가 '불확실성'이라는 점도 쉽게 공감할 수 있다.

2008년 리먼브러더스 파산 이후 세계 경제는 10년째 경기 침체에서 벗어나지 못하고 있다. 선 · 후진국을 막론하고 모든 나라가 '수요부족'으로 몸살을 앓고 있다. 벤 버냉키 전 미국 연방준비제도이사회(FRB) 의장은 저금리 정책만으로 경기를 살리기는 어렵다고 판단하고 양적완화(QE)라는 듣도 보도 못한 정책을 들여와 돈을 풀어서라도 수요를 늘리고자 시도한 바 있다. 이에 뒤질세라 유럽중앙은행(ECB)과 일본은행(BOJ)도 따라나섰다. 일부 국가는 심지어 '마이너스 금리'를 도입하기까지 했다.

지난해 미국 대통령 선거는 수요의 중요성을 다시 한번 확인시켜 주었다. 도널드 트럼프 후보는 미국이 일자리를 잃고 중산층이 어렵게 된 원인은 자유무역협정(FTA)으로 인해 중국, 멕시코, 한국 같은 나라의 물건이 미국 시장을 잠식했기 때문이라고 주장하였다. 그러므로 본인이 집권하면 버락 오바마 대통령이 타결한 환태평양경제동반자협정(TPP)을 파기하고 북미자유무역협정(NAFTA)과 한미자유무역협정(KOR- US FTA)을 재협상하겠다는 공약을 내걸었다. 트럼프 대통령 당선자의 보호무역주의 정책 기조는 앞으로 세계시장에서의 '수요부족' 현상을 더욱 부채질할 것으로 짐작된다. 점점 더 어려워지는 수출 환경을 어떻게 극복하고, 침체된 내수를 무슨 정책으로 진작시키며, 미래 신성장동력을 어디에서 구할 것인지가 우리 앞에 놓인 과제라 할 것이다.

불확실성의 문제도 기업 CEO들에게 심각한 도전이다. 영국이 유럽연합에서 탈퇴하겠다는 지난해 6월의 국민투표(브렉시트 · BREXIT)는 이미 침체를 겪고 있는 세계 경제에 불확실성을 하나 더 추가했다. 미국은 북한을 실질적으로 제재하지 않는 중국을 비난하고, 중국은 사드 배치를 문제 삼아 우리에게 경제적 보복에다 무력시위까지 하는 판국이다. 대외환경이 이렇게 어려운 때, 엎친 데 덮친 격으로 불확실한 국내 상황 또한 CEO들이 사업 계획과 미래 전략을 구상하는 일을 더욱 어렵게 만들고 있다. 국회는 '특별검사법'을 통과시키고 대통령의 '탄핵소추'를 가결하여 헌법재판소에 넘기기에 이르렀다. 헌법에 따르면 헌재는 6개월 이내에 대통령 탄핵 여부를 결정해야 하고, 탄핵이 결정되면 60일 이내에 대통령 선거를 치러야 한다.

작금의 언론 보도를 접하노라면, 탄핵 절차만 마무리되면 정치, 경제, 사회, 문화 모든 부문이 선진화된 대한민국이 탄생할 것처럼 낙관하는 듯하다. 과연 그렇게 될 수 있을까? 국민, 정치인, 공무원 모두가 그대로인 채로 대통령 한 사람 바뀐다고 선진 한국이 탄생할까? 우리 모두가 위기의식을 공유하고 환골탈태의 자세로 국정 시스템을 선진화하려는 각오가 필요한 때다.

한편, 헌재의 탄핵 결정으로 대통령 선거가 치러지면, 당선자는 인수위 절차 없이 즉각 취임하게 된다. 선거 기간 중 내 건 공약을 현실에 맞게 점검해볼 시간도 없이 바로 실행으로 옮겨야 한다. 이런 상황에서는 그러지 않아도 어려운 '수요 부족'에 '불확실성'마저 가중될 수밖에 없다. 대통령 후보는 국가 어젠더 수립 과정에서 이 점을 충분히 고려하여 '수요 부족 문제 타개'와 '불확실성 요인 완화'에 심혈을 기울일 것이 절실하게 요청된다.

[매경의 창] (2017.1.19.)

그래도 우리에겐 희망이 있다

세계는 지금 긍정이나 희망의 메시지보다는 비관이나 우려의 목소리로 가득 차 있는 느낌이다. 2016년 6월 영국의 유럽 연합(EU) 탈퇴 여부를 결정하는 국민투표가 52대 48로 통과된 사건이 그 첫 조짐이었다면, 이어진 미국 대통령 선거는 또 한 번 세계의 기류를 바꾸어 놓았다. 이 사건들은 경제인들이 가장 싫어하는 불확실성을 증폭시켜 놓는 결과를 가져왔다. 영국의 EU 탈퇴는 논란 끝에 결국 의회의 인준 절차를 거치게 됨으로써 아직 신청서 접수조차 못 하고 있는 실정이다. 도널드 트럼프 대통령 취임 이후 미국 내 정치적 갈등은 나날이 증폭되고 있고 세계 각국은 그가 트위터에 올리는 말 한마디에 일희일비를 반복한다.

특히, 취임 후 첫 행보로 환태평양경제동반자협정(TPP) 탈퇴를 발표하여 향후 미국의 보호무역주의를 명백히 천명하였다. 이제까지 수출의 힘으로 경제 발전을 이끌어 온 우리나라로서는 한미자유무역협정(FTA)을 재협상하게 되면 우리는 얼마나 양보해야 할까를 고민하지 않을 수 없다. 한편, 앞으로 있을 주한 미군의 방위비 분담 협상도 험난할 것이 예상된다. 대외적인 여건이 이렇게 어려운 때 국내 정치 상황 또한 불확실성의 연속이다. 헌법재판소의 대통령 탄핵소추안 심판 결과에 따라 향후 정치 일정 또한 달라질 것이기 때문이다.

매일 외국인 최고경영자(CEO)들에게 한국 상황을 설명해야 하는 필자로서는 우리나라의 비관적이고 어두운 면만을 강조할 수는 없는 노릇이다. 그렇다고 거짓으로 낙관론을 펼 수도 없는 노릇이니 나름 논거를 준비해서 설명하려고 노력한다. 이런 가운데 발견한 가장 설득력 있는 방식은 우리가 걸어온 경험을 있는 그대로 설명하는 것이다.

1962년 개발 연대 시작 이후 55년 동안 한국 경제는 두 차례의 마이너스 성장을 경험했다. 박정희 대통령 유고 다음 해인 1980년 −1.7% 성장이 처음이고, 외환위기로 IMF 구제금융을 신청한 다음 해인 1998년의 −5.5% 성장이 두 번째다. 하지만 우리 경제는 두 번 모두 바로 다음 해 7.2%(1981년)와 11.3%(1999년) 성장하는 회복력을 보여

주었다. 처음에는 "경제는 당신이 대통령이야!"라고 불릴 정도로 대통령에게 신임을 받은 김재익 경제수석이 큰 역할을 했다면, 두 번째는 20억 달러 규모의 금 모으기 운동을 할 정도로 똘똘 뭉친 전 국민의 애국심이 큰 힘을 발휘하지 않았을까 생각해본다. 필자는 이 경험이야말로 한국인의 저력이라고 외국인 CEO들에게 설명하곤 한다. 1997년 외환위기 당시 IMF 수석부총재이던 스탠리 피셔(현 미국 연준 부의장)는 어디에 투자할까 자문을 구하는 지인들에게 한국에 투자하면 틀림없을 것이라고 권했고 나중에 대박이 났다는 이야기를 필자에게 들려준 적이 있다는 에피소드도 곁들인다.

이렇게 외국인 CEO들에게 설명하면서 필자는 마지막에 조심스러운 낙관론임을 덧붙인다. 하지만, 마음속에는 반드시 그렇게 되기를 간절히 소망하는 기원이 들어 있음은 물론이다. 우리 민족의 저력은 국난의 위기에 지도층의 무력함이 극에 달했을 때 오히려 강하게 발휘되었다. 그것이 우리 역사를 끈질기게 이어 온 민족의 DNA이다. 매주 토요일 광장에는 수많은 사람들이 모여서 외친다. 처음에는 한 가지 목소리만 있었으나 이제는 서로 다른 입장의 주장이 들린다.

그러나 정치적 견해가 달라도 평화롭게 시위는 끝난다. 그렇게 많은 사람이 모인 자리가 집회가 끝나고 나면 본래의 모습으로 말끔

하게 정리되는 우리 국민의 힘, 이것은 다른 어느 나라에서도 볼 수 없는 자랑스러운 우리의 저력이다. 여기서 필자는 우리나라의 희망을 본다. 이렇게 위대한 우리 국민의 저력을 결집시켜 이 나라를 한 단계 더 성숙한 대한민국으로 만드는 진정한 지도자가 나오기를 두 손 모아 기도한다.

[매경의 창] (2017.2.16.)

요람에서 보육원까지 국가가 책임지자

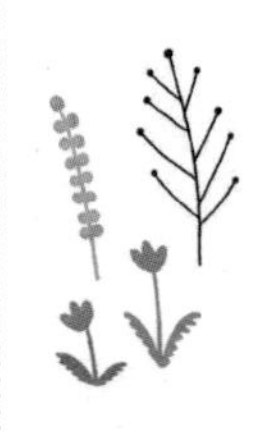

2017년 3월 10일 헌법재판소는 대통령 탄핵을 결정했고 헌법 제68조 제2항은 60일 이내에 후임자를 선거하도록 규정하고 있다. 이에 따라 정부는 새로운 대통령 선거일을 5월 9일로 확정했다. 이번 대통령 선거는 과거와 달리 당선 후 대통령직 수행을 위한 인수 준비 기간이 전혀 없이 당선 직후 즉각 취임해야 하는 이례적인 선거가 되었다. 아울러 60일 이내에 대통령을 선출하는 만큼 후보자가 정책이나 선거 공약을 개발할 시간도 충분하지 않다.

2016년 12월 9일 국회의 대통령 탄핵소추 의결 이후 정치가 온 나라를 뒤덮었다면 이제는 경제도 함께 고민할 때가 아닌가 생각된다. 지금 한국 경제가 안고 있는 가장 큰 과제는 '수요 부족'이다. 그렇지 않아도 계속되는 세계 경제 침체의 여파로 우리나라 수출이 도전받고 있는 이때, 미국 도널드 트럼프 대통령의 한미자유무역협정(FTA) 재협상 논의와 사드 배치를 둘러싼 중국의 보복 조치를 보고 있노라면 당분간 '해외 수요'를 늘리기는 쉽지 않을 전망이다. 이러한 여건에서 경기 회복의 마중물로 삼을 만한 바람직한 '국내 수요'를 늘리는 방법은 무엇일까

필자는 모든 신생아는 요람에서 보육원까지 국가가 책임지는 획기적인 정책을 제안하고 싶다.

우리나라의 '저출산 · 고령화' 문제는 일본의 전철을 밟고 있는 듯하지만, 고령화 속도가 일본보다도 훨씬 빨라 더욱 심각하다고 할 수 있다. 이 과제에 제대로 대처하지 못한다면 우리나라도 일본의 잃어버린 20년을 답습하게 되지 않을까 심히 우려된다. 정부는 2005년 '저출산 · 고령사회기본법'을 제정한 이래 10여 년 동안 저출산 문제를 해결하기 위해 80조 원 이상의 예산을 쏟아부었다. 하지만 지난 2월 통계청의 발표에 의하면, 지난해 우리나라에 태어난 신생아는 40만6,300명으로 1970년 통계 작성 이래 가장 낮은 수치를 기록했다. 결혼도 28만1,800건으로 전년에 비해 2만 건 이상 줄어들었다.

왜 요즘 젊은이들은 결혼을 늦추거나 아예 하지 않으려 하고, 결혼을 하더라도 아이를 낳지 않으려고 할까? 저출산은 취업, 결혼, 임신 · 출산 휴가, 경력 단절과 유리천장, 보육시설, 초과 근무와 주말 근무, 남녀 간 육아 · 가사노동 분담, 사교육비 문제 등 우리가 살아가면서 부딪히는 모든 문제의 총체적 결과물이다. 그러니 각 지방자치단체가 시행하고 있는 출산장려금 지급 등의 정책만으로 출산율을 높인다는 것은 어불성설이다. 그렇다고 이 많은 문제를 동시에 해결하기도 어려운 일이다.

선진국 중 출산율이 높은 나라들이 공통적으로 시행하고 있는 정책에서 해결의 실마리를 찾아보자. 그 나라들은 많은 재원을 출산과 보육 환경 개선에 집중적으로 투자한다. 프랑스와 스웨덴은 공공 보육시설 기반 구축은 물론, 자녀 수에 따른 가족 수당과 출산 보너스 지급, 육아 휴직, 탄력근무제 실시 등 여성들이 일과 가정을 병행할 수 있는 가족 친화적 환경 조성에 예산을 쏟아붓고 있다. 특히 스웨덴은 공공 보육시설을 완비해 미혼모, 동거 부부 등 부모의 결혼 여부나 재산 유무와 관계없이 출생아 양육에 필요한 모든 서비스를 제공하는 것으로 알려져 있다.

필자는 2개월 후면 출범하게 될 신정부에 출범과 동시에 전국적

으로 모든 신생아를 수용할 수 있는 공공 보육시설의 건설에 착수할 것을 제안한다. 각종 규제로 인해 건축이 불가능한 곳이라도 공공 보육시설 신축을 허용해 침체된 건설 경기도 살리고 건설 기능공 일자리도 늘리자. 신입생이 줄어든 학교를 폐교할 것이 아니라 국공립 보육시설로 재활용하고, 미분양 아파트는 아파트형 보육시설로 활용하자. 보육시설에서 근무할 보육 교사 채용으로 청년실업을 대폭 줄일 수 있다.

이렇게 함으로써 내수 진작을 통한 경기 활성화, 출산 장려, 여성의 경제활동 참여 제고, 청년 일자리 창출 등 1석4조의 효과를 기대할 수 있다. 장기적으로는 제대로 된 보육아 교육을 통해 인적 자원의 생산성을 높이는 효과도 기대된다. 누구도 젊은 부부에게 출산을 강요할 수 없는 만큼, 아이를 낳기만 하면 보육은 국가가 보장한다는 패러다임으로 전환해야 한다. 새로 출범하는 정부에 미봉책이 아닌 근본적이고 실질적인 출산 장려책을 통해 내수도 살리고 출산율도 높이는 획기적인 정책을 시행할 것을 간곡히 제안한다.

[매경의 창] (2017.3.16.)

예술의 힘, 새만금을 한국의 나오시마로

최근 일본 가가와(香川)현 나오시마(直島)에 다녀올 기회가 있었다. 다카마쓰(高松)에서 배를 타고 13㎞ 정도 가야 하는 나오시마는 동서 2㎞, 남북 5㎞, 면적 7.8㎢의 작은 섬이다. 면적은 제주도 부속섬인 우도보다 조금 크고 인구는 3,000명 수준인 이 섬에 매년 50만 명의 관광객이 방문한다. 나오시마 포구에 들어서면 제일 먼저 나오시마의 상징물이라 할 수 있는 구사마 야요이의 작품 '빨강 호박'이 보인다. 천천히 마을 길을 거닐거나 자전거를 빌려 골목을 누비는 가운데 예술작품들을 만날 수 있다. 100년이 넘은 오래된 빈집과 염전 창고에서도 현대미술의 숨결이 느껴진다. 압권은 베네세하우스와 지중미술관이다. 베네세하우스는 미술관과 호텔을 접목한 건축물로, 바다를 화

폭으로 삼아 이국적인 자취로 섬을 단장하고 있다. 건물 안팎에는 앤디 워홀 등 현대미술 거장들의 작품이 전시되어 있다. 지중미술관(地中美術館)은 이름 그대로 땅속에 지어졌지만, 자연 채광과 바깥 풍경을 예술적으로 끌어들인 놀라운 건축물이다. 모네, 월터드마리아, 제임스터렐의 작품들이 자연 채광을 받으며 단아하게 전시되어 있어 미술 애호가들의 감탄을 자아낸다. 거기서 멀지 않은 곳에는 우리나라 출신인 '이우환 미술관'도 자리 잡고 있다.

도대체 누가 이렇게 놀라운 프로젝트를 구상하고 실현시켰단 말인가. 나오시마는 예로부터 해상교통의 요충지로 해운과 소금으로 유명했으며, 특히 1917년 미쓰비시 광업이 금속제련소를 세우면서 크게 발전했다. 그러나 중금속 폐기물 등으로 환경이 극도로 파괴되고 제련업마저 쇠락하자 나오시마는 버려진 섬이 되었다.

그러다 1985년 기적 같은 변화가 시작되었다. 초등학교 교사 출신으로 출판업을 크게 하던 후쿠다케 데쓰히코(福武哲彦)가 '사람에 의해서 파괴된 섬을 사람의 손으로 아름답게 만들자'는 취지로 나오시마를 '어린이를 위한 지상낙원'으로 만들고자 했으나 갑자기 사망했다. 그 아들 후쿠다케 소이치로(福武總一郎)는 부친의 유지를 이어받아 어린이 캠프장을 세우고자 1987년 10억 엔을 들여 나오시마섬의 절반을 사들였다. 그러다 일본이 낳은 세계적인 건축가 안도 다다오와의 운명적인 만남을 계기로, 나오시마를 어린이 캠프장이 아닌 예술의 섬으로 만들기로 결심했다.

이리하여 '자연과 인간, 예술이 함께 숨 쉬는 문화의 섬으로 가꾸자'는 슬로건 아래, 안도 다다오가 지휘하는 '나오시마 프로젝트'가 시작되었다. 1992년에 호텔과 미술관을 겸비한 베네세하우스를 개관하였고, 1998년부터 '이에(家)프로젝트(Art House Project)'가 시작되었다. 2004년에 지중미술관이 설립되었고, 2010년에는 이우환 미술관이 개관하였다. 그는 나오시마 프로젝트에 앞으로도 30년을 더 투자하겠다고 말한다.

필자는 2015년 11월 새만금위원회 민간공동위원장으로 위촉되어 1년 반 가까이 봉사하고 있다. 나오시마에 갔던 이유도 새만금 프로젝트에 도움이 될 만한 아이디어를 얻기 위해서였다. 공동위원장으로 위촉될 때부터 필자는 새만금을 '문화와 예술이 숨 쉬는 도시'로 만들려는 염원을 품어왔다. 경제성에 따라 투자 결정을 하는 기업 마인드로 개발하는 것도 필요하겠지만, 새만금에 예술의 혼을 불어넣는다면 그 격이 달라질 것으로 믿는다.

한국에서는 후쿠다케 소이치로라는 이름이나, 그가 회장으로 있는 '베네세 코포레이션'이 잘 알려져 있지 않다. 하지만 나오시마섬을 예술의 섬으로 탈바꿈시킴으로써 그는 많은 이들로부터 존경받는 세계적인 유명 인사가 되었다. 새만금은 나오시마의 50배가 넘는 크기다.

역사적 배경이나 지역적 특성도 매우 다르다. 하지만 문화 예술의 힘을 믿는 기업가와 사명감을 가진 뛰어난 예술가가 손을 잡는다면 새만금이 국내외 관광객의 사랑을 받는 명소로 변신하지 못할 이유가 없다. 우리나라에도 분명 그런 분이 있을 것이다. 필자는 오늘도 그분과의 운명적인 만남을 고대하고 있다.

[매경의 창] (2017.4.20.)

'적자' 생존으로 성공하는 삶을

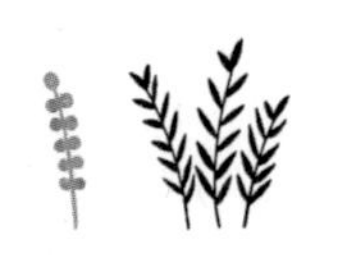

최근 정부가 새로 시작한 '퇴직 공무원 사회공헌사업'이 있다. 이 사업은 베이비붐 세대 공무원의 퇴직이 증가함에 따라 이들 우수 인적자원을 재활용하기 위한 것이다. 경륜과 전문성을 갖춘 퇴직 공무원에게 청탁금지법 교육이나 신규 공무원 공직 적응 코칭 등 업무를 맡기자는 것이다. 그런데 청년 일자리도 부족한 이 시점에 공무원 연금까지 받는 퇴직자들에게 일자리를 주는 이 사업은 대체 왜 하는 것일까 의문을 제기할 수 있다.

이를 이해하려면 최근의 고령화 추세를 한번 살펴볼 필요가 있다. 1960년까지 여성 한 명이 평균 6명을 낳던 우리나라 출산율은

2000년대 들어서면서 1.2명 내외에 머무르고 있다. 한편 1960년 52세였던 평균수명은 2016년 82세를 넘어섬으로써 그사이 평균수명이 30년이나 늘어났다. 문제는 개인은 물론 국가적으로도 미처 준비가 되지 않은 상태에서 고령화 속도가 지나치게 빠르게 진행된다는 점이다.

필자는 통계청장으로 재직하던 2002년 우리나라에 몰아닥칠 '저출산 고령화' 문제를 제기한 바 있다. 그 이후 엄청나게 많은 대책이 나왔고, 특히 출산 장려를 위해서는 지방자치 단체마다 다양한 정책을 쏟아냈다. 하지만 출산장려책이 효과를 거둬 출산율이 현재 인구를 유지할 수 있는 대체출산율(2.1명) 수준으로 회복된다고 하더라도 신생아가 자라서 사회에 기여하려면 30년의 세월이 필요하다. 그렇다면 그사이 부족한 일손은 어떻게 메울 것인가? 외국인 근로자 활용을 제외하고 크게 두 가지 방안을 생각해볼 수 있다. 하나는 경제활동 참가율이 현저히 낮은 여성 인력을 적극적으로 활용하는 방안이다. 또 한 가지는 정년퇴직한 인력을 재활용하는 방안이다. 그런 의미에서 이번에 인사혁신처가 마련한 '퇴직 공무원 사회 공헌사업'은 잘만 성공한다면 '저출산 고령화' 대책과 관련해서 하나의 대안이 될 수 있다.

엄격한 심사를 거쳐 이 사업에 선정된 208명의 퇴직 공무원을 대상으로 한 워크숍이 지난 4월 24일 개최됐다. 그 워크숍에 특강 요청을 받은 필자는 공직을 마친 후 10년 동안 민간에서 얻은 경험을 이 사업 참가자들과 함께 나눌 기회가 있었다.

우선 이 나이가 되고 보니 성공이란 '또 만나고 싶은 사람'이 되는 것'이라고 생각한다. 가게도 '온 손님 또 오면' 성공하듯이 개인도 '또 만나고 싶은 사람'이 되면 성공한 삶이 아니겠는가? 돈이나 벼슬 싫다는 사람 없겠지만 주변 사람이 다시 만나고 싶지 않은 사람이 된다면 성공한들 무슨 소용이 있겠는가?

그렇다면 어떻게 살아야 또 만나고 싶은 사람이 될 수 있을까? 그 비결은 '적자생존'이다. 진화론자인 다윈이 말한 적자생존은 환경에 잘 적응하는 생물이 살아남는다는 이론이다. 어떤 이는 우스갯소리로 잘 받아 적는 사람이 살아남는다고 말하기도 한다. 하지만 필자가 말하는 '적자생존은 적자(손해) 보는 사람이 살아남는다'는 의미다. 인간은 어쩌다 연락해서 어려운 부탁만 하는 사람보다 궂은일도 마다 않고 조금 밑지는 삶을 사는 사람을 좋아하게 마련이다. 현역 때도 그렇지만 특히 퇴직 후 인간관계에서는 더욱 그렇다.

언뜻 손해인 듯 보이지만 길게 보면 그게 바로 성공의 비결이라는 생각을 공유한 것이다.

다음으로 '충고하기 전에 먼저 듣는 사람'이 되자고 제안했다. 나이가 들면 자기가 깨우친 것을 후배들에게 가르쳐주고 싶은 마음에서 말을 많이 하는 경향이 있지만, 그런 사람을 또 만나고 싶어 하는 경우란 많지 않을 것이다.

마지막으로 모처럼 시작된 이 사업이 성공을 거두어 민간부문에서도 퇴직자의 재활용이 널리 확산되기를 바라는 마음에서 조선시대 이양연(1771~1853)의 '야설'이라는 한시를 함께 음미했다.

'눈 덮인 들판을 걸어갈 때 함부로 어지러이 걷지 마라. 오늘 내가 걷는 이 발자국은 훗날 뒷사람의 이정표가 되리니.'

[매경의 창] (2017.5.25.)

무료급식과 고 김재익 경제수석의 **복지정책**

필자는 얼마 전 김앤장 사회공헌위원회 일원으로 무료급식소에 다녀왔다. 급식 준비를 위해 오전 10시까지 현장에 집결한 우리는 급식 시작 한참 전부터 상당수의 분들이 와 계신 걸 보고 놀랐다. 10시 반부터 배식인데 미리 와 계신 분들은 아침도 못 드시고 오신 것이 분명하지 않은가?

필자는 설거지 그릇의 물기를 닦아내는 팀에 배정되었는데 첫 번째 설거지 그릇이 나올 때까지 마늘을 까던 중 초보자답게 칼로 손가락을 베고 말았다. 그 바람에 그릇 말리는 팀에서도 밀려나 설렁탕에 파를 넣는 업무를 배정받았다. 그런 와중에 한 분의 말씀이 필자에게 위안을 주었다. "지금까지 이 일은 거의 책임자가 했으니까 너무 서운해 하지 마세요!"

그날 손가락의 상처보다 필자의 마음을 더 아프게 했던 것은 아침 일찍부터 기다리다 묵묵히 무료급식을 받던 분들의 눈망울이다. 우리나라가 어려울 때 태어나 1인당 국민소득 3만 달러를 목전에 둔 오늘날까지 평생 자식을 키우며 열심히 살다 이제 무료급식소 앞에 줄 서 기다리는 그분들의 심정이 어떨까?

집에 돌아가서 1984년 9월 당시 경제기획원이 펴낸 '우리 경제 한번 알아봅시다!'라는 책자를 꺼내 읽어 보았다. 그 책에는 1980년부터 1983년 10월 북한의 아웅산 테러 사건으로 순직할 때까지 대통령 경제수석비서관을 지낸 고(故) 김재익 박사의 경제철학이 고스란히 담겨 있다.

1980년 우리 경제는 제2차 석유파동으로 도매물가가 40% 이상 뛰는가 하면 국제수지 적자는 급등하고 농산물마저 흉년으로 경제성장은 마이너스를 기록하였다. 그 결과 1인당 국민 소득은 1979년 1,709달러에서 1980년 1,686달러로 감소했다. 이러한 여건에서 김재익 박사는 경제정책 방향을 첫째 양적 성장 위주에서 내실을 다지는 안정

성장으로, 둘째 정부 주도 경제운용 방식에서 민간의 자율과 경쟁을 중시하는 민간 주도 경제운용으로, 셋째 전략적으로 중요한 산업이나 지역을 거점으로 발전을 도모하는 불균형 성장에서 균형 성장으로 제시했다. 특히 기회 균등과 공정한 성과 배분으로 정의로운 복지사회 건설을 추구하는 점을 강조했다. 정치적으로 제5공화국의 정통성에 관해서는 논란이 있지만, 김재익 경제수석비서관이 주도했던 경제정책만큼은 국내외적으로 높이 평가받고 있는 것이 엄연한 사실이다.

그가 복지정책의 기본을 "일하고 싶은 사람이 일자리를 갖도록 하는 것이고, 의욕 있는 사람은 누구에게나 균등한 기회를 보장해야 한다"고 정리한 점(122쪽)은 지금 보아도 손색이 없는 탁견이다. "창의와 근면을 바탕으로 새로운 기업을 일으켜 보겠다는 사람들과 중소기업가에게 그들의 기업을 발전시킬 수 있는 기회를 많이 제공하고 공정거래 제도를 통해 대기업의 부당한 힘에 의해 유망한 다른 기업의 성장 기회가 막히지 않도록 해야 한다(123쪽)"는 정책 방향은 신정부의 중소기업 벤처부 아이디어와 일맥상통하지 않은가.

끝으로 저소득층 대책을 살펴보았다. 1965년 최저생계비를 벌지 못하는 절대빈곤인구는 전 국민의 41%에 달했으나 1982년 8% 정도로 줄게 되었다. 생활보호대상자로 지정된 영세민에 대해 양곡, 부식, 연료비 등을 지원하고 최소한의 의료보장을 확대하는 정책을 실시한 점이 눈에 띈다.

무엇보다도 자활능력이 있는 사람에게 자립능력을 길러주는 정책에 힘을 쏟는 것에 공감이 간다.

복지정책의 기본은 일할 능력이 있는 사람에게 일자리를 제공하고 교육을 통해 가난이 대물림되지 않도록 하며 취업할 수 있도록 직업훈련을 장려하는 일이어야 한다는 정책 방향은 신정부가 지향하는 '일자리가 최선의 복지'라는 국정 철학과 같은 맥락이다.

경제정책의 기본 방향이나 복지에 대한 철학이 1980년대나 지금이나 일맥상통함에도 불구하고 여전히 문제가 상존하고 있음에 필자는 안타까움을 느낀다. 이번에야말로 많은 분들에게 기회가 주어지고 공정한 경쟁이 이루어지며 일자리 창출을 통한 복지가 제대로 이루어져 무료급식소에서 줄 서는 분들이 줄어드는 세상이 오기를 두 손 모아 기도한다.

[매경의 창] (2017.6.29.)

재외동포 고마움 기억하자

지난달 일본 오사카 지역 재일동포에게 '문재인 정부의 정책 방향과 한일관계 전망'이란 주제로 강연을 하고 왔다. 당초 예상을 훨씬 넘는 250명이 모여 성황을 이룬 것을 보고 동포사회도 신정부의 정책 방향에 대한 관심이 지대함을 확인했다. 필자가 난생처음 가본 해외 출장지도 1979년 일본 흥업은행의 '산업금융 세미나'에 참석하기 위해 간 일본이었다. 당시 공직 4년 차의 애송이 경제 관료였던 필자에게 일본의 경제 수준이나 생활상은 커다란 충격이었다. 1978년 우리나라의 1인당 국민소득이 1,400달러 수준일 때 그보다 6배가 넘는 8,800달러 수준이던 선진국 일본에서 받은 자극은 그 후 공직 생활 내내 어떻게 하면 우리가 일본을 쫓아갈 수 있을까 고민하는 계기가 되었다.

우선 우리나라와 일본의 현 경제 상황을 비교하는 것으로 강연을 시작했다. 미국 중앙정보국(CIA) 자료에 의하면 2016년 국민총생산(GDP)은 일본이 4조9,000억 달러로 세계 3위, 우리나라는 1조4,000억 달러로 12위에 해당한다. 1인당 국민소득은 일본이 3만8,900달러로 세계 24위, 우리나라는 2만7,500달러로 30위에 해당한다. 한편 양국의 수출 실적을 비교하면 일본은 6,414억 달러로 세계 4위, 한국은 5,090억 달러로 세계 5위다. 하지만 1인당 수출로 환산해보면 일본이 대략 5,000달러, 한국은 1만 달러로 한국이 일본의 2배가량 된다. 세계 최고의 상품들과 경쟁해서 올린 이 수출실적은 재일동포에게 자긍심을 심어주기에 충분한 내용이 아니겠는가.

경제지표로는 한국이 일본을 상당히 따라잡은 듯싶지만, 일본에서 배울 것은 여전히 적지 않다. 우리나라가 걸어온 경제 발전 과정을 살펴보면, 왜 아직도 갈 길이 먼지 쉽게 이해가 된다. 주지하다시피 우리나라는 1인당 국민소득이 100달러 미만이던 1960년대 초 본격적인 경제 개발을 시작했다. 당시 우리는 이렇다 할 자원도, 경제를 주도할 민간기업도 없었고 국내시장도 취약한 상태였다. 그렇다 보니 첫째 민간보다는 정부 주도, 둘째 수입 대체가 아닌 수출 주도, 셋째 유망기업을 집중 지원하는 소위 불균형 성장전략을 채택하게 되었다. 그 덕에 경제는 빠르게 성장했지만, 반면에 재벌이 탄생하고 정경

유착이 생겼으며 사회 전반에 빈부 간, 도시와 농촌 간, 대기업과 중소기업 간 격차가 발생했다. 이는 오늘날 경제를 넘어 사회문제로까지 비화했다. 신정부의 가장 큰 과제는 이러한 격차 문제를 해소하면서 우리 경제의 역동성도 되살리는 방법을 모색하는 것이라 하겠다.

강연이 끝난 후 하태윤 주 오사카 총영사와 환담하면서 필자의 마음은 무거워졌다. 1988년 서울올림픽을 앞두고 재일동포는 100억엔의 성금을 모아 모국에 기부했다. 이는 올림픽 공원에 있는 체조, 수영, 테니스 등 3개 경기장과 대한체육회 본부, 미사리 조정경기장을 모두 짓고도 남는 금액에 해당된다. 1998년 IMF 외환위기 때는 송금운동으로 모국을 도왔다. 하지만 이러한 사실은 대부분 잘 알려져 있지 않거나 잊힌 상태다.

재일동포는 일본에서 차별받으며 어렵게 사는 가운데서도 모국이 어려울 때 성의껏 도움을 주었는데, 정작 모국은 지난날의 도움을 잊고 살거나 전혀 고마워하지 않는 모습을 보면서 서운한 감정을 느낀다는 것이다. 이런 일이 어찌 재일동포뿐이랴. 독일에서 광부와 간호사로 열심히 일해서 모은 소중한 외화로 모국 발전에 기여한 재독동포 또한 이와 비슷한 심정을 느끼리라.

우리가 이만큼 잘살게 된 것은 물론 우리 국민의 피나는 노력의 결실이지만, 타국에 살면서도 뜨거운 애국심으로 모국을 도운 재외동포의 헌신 또한 작지 않은 밑거름이 되었다고 믿는다. 재외동포가 모국에 바라는 것이 꼭 물질적인 보답만은 아닐 것이다. 그것은 바로 과거 그분들의 도움을 잊지 않고 고마워하는 우리의 마음이 아닐지, 필자는 재외동포의 고마움을 결코 잊지 않으리라 다짐하며 귀국길에 올랐다.

[매경의 창] (2017.8.10.)

다국적 기업 CEO들의 고뇌

요즘 들어 필자는 한국에 진출한 다국적 기업들에서 우리나라 기업경영환경에 관해 강연을 해달라는 요청을 부쩍 많이 받는다. 9월 들어서만도 한독상공회의소(KGCCI), 일본상공 회의소(SJC) 등을 포함해 매주 한두 번씩은 대규모 청중 앞에서 브리핑할 기회를 갖고 있다.

이 시점에서 다국적 기업 최고경영자(CEO)들이 가장 관심을 갖는 주제는 역시 한반도의 안보 상황이다. 북한의 김정은과 미국의 도널드 트럼프 대통령 간에 날을 세운 발언, 아베 신 조 일본 총리의 반응, 그리고 세계 언론의 선동적인 뉴스까지 접하노라면 당장이라도 한반도에 전쟁이 터질 것 같은 느낌이 드는 것도 수긍이 간다.

지난 9월 7일엔 스탠다드차타드(SC)은행 범중화권 동북아시아(GCNA) 지역본부의 경영위원회가 서울에서 열렸다. SC제일은행의 사외이사 겸 감사위원장인 필자는 SC은행 GCNA 산하 은행장 및 임원들에게 '한반도 정세와 문재인정부의 정책 방향'이라는 주제로 브리핑을 했다. 필자가 앉은 테이블에는 벤저민 헝 SC은행 GCNA CEO를 비롯하여 홍콩, 중국, 대만, 한국 등의 은행장들이 자리를 함께했다.

헝은 홍콩에서 태어나 열 살 때 온 가족과 함께 캐나다로 이민을 갔다. 그곳에서 성공적인 삶을 살던 그는 홍콩이 중국에 반환되기 5년 전인 1992년, 많은 사람들이 홍콩을 떠나려 하던 때 홍콩으로 유턴하기로 결심하고 직장을 알아보았다. 입사 제안을 받은 네 개 회사 가운데 그는 SC은행을 선택했다. 입행 후 헝은 SC홍콩은행의 은행장을 거쳐 지금은 SC은행 GCNA CEO 위치에까지 올랐다. 주지하다시피, 홍콩에서 유통되는 화폐는 홍콩중앙은행이 아닌 중국은행(Bank of China), 홍콩 상하이은행(HSBC), SC은행 등 세 은행이 발행한다. 즉, 헝은 홍콩 공식 화폐에 서명을 하는 은행장의 위치에까지 오른 셈이다. 그는 홍콩이 중국에 반환되는 '불확실성의 시대'에 본인의 고뇌에 찬 결단으로 홍콩에 돌아옴으로써 남다른 성공을 거둔 셈이다.

필자의 강연이 끝날 무렵이 되면 다국적 기업의 CEO들은 비정규직의 정규직화, 최저임금의 급속한 인상, 법원마다 다르게 나오는 통상임금 포괄범위에 관한 판결, 원전 포기 시 전력 요금 인상 가능성 등을 언급하면서 지금이 한국에서 철수해야 할 때인지, 아니면 오히려 투자를 늘려야 할 때인지와 같은 직설적인 질문을 하곤 한다. 이럴 때면 필자는 많은 이들이 홍콩을 떠나려 할 때 홍콩으로 유턴한 '벤저민 헝'의 결단을 소개하곤 한다. 한국에 대한 투자를 늘릴지, 현상 유지할지 그도 아니면 철수할지는 CEO의 고뇌에 찬 결단을 요구한다. 이런 경우 홍콩이 중국에 반환되는 불확실성의 시대에 '남과 차이 나는 결단'으로 남다른 성공에 이른 '벤저민 헝'의 사례는 의미 있는 시사점을 주지 않는가?

또 하나의 예를 들기도 한다. 1997년 아시아 금융위기는 태국을 먼저 덮치고 얼마 후 한국에도 밀어닥쳤다. 당시 태국에 진출해 있던 한국 금융회사들에 태국 정부는 철수하는 외국 금융회사에는 재인가를 내주지 않을 것임을 경고했다. 하지만 제 코가 석 자이던 한국 금융회사 대부분은 철수를 선택했다. 20년 가까운 세월이 흐른 지금에 와서 볼 때, 태국에서 영업 중인 한국 금융회사는 3개사에 불과하다.

태국 정부의 약속을 믿고 위험을 감수한 보상으로 이들이 누리는 혜택은 돈으로 환산하기 힘들지 않겠는가?

지금 한반도의 상황이 불확실하고 위기 요인이 있는 것은 사실이다. 그렇지만 한국은 경제개발을 시작한 이후 지금까지 위기를 도약의 기회로 삼아 강인하게 극복한 역사적 기록을 가진 나라다. 필자는 패러다임 전환(shift)의 과정에서 한국이 헤쳐 나가야 할 난관이 적지 않겠지만, 이를 극복하고 난 후 우리나라는 한 단계 더 선진화한 대한민국으로 거듭날 것임을 믿으며 기도하는 마음이다. 이는 또한 우리 세대의 역사적 소명이기도 하다.

[매경의 창] (2017.9.21.)

홍콩에서 배울 것과 피할 것

필자는 11월 6일부터 5일 동안 홍콩을 방문하고 있다. 홍콩 정부의 '귀빈방항계획(귀빈초청계획:방문할 방, 항구 항)' 프로그램에 초청을 받았기 때문이다. 이 프로그램은 1980년대 초 홍콩 반환 협상을 앞두고 영국 국회의원들을 초청해서 원군을 만들자는 의도에서 시작되었다. 그런데 이는 1984년 '홍콩의 높은 수준의 자치와 자본주의 제도, 생활방식을 50년 동안 유지하는 내용'을 골자로 한 '중국과 영국의 홍콩 문제에 관한 연합성명(Joint Declaration)'을 이끌어내는 데 나름의 기여를 했다는 평가를 받았다. 따라서 홍콩 반환 이후에도 이 프로그램을 계속하기로 하고 지금껏 각국의 유력인사를 초청하고 있다. 일정이 다소 길어 부담이 적지 않았지만, 반환 이후 '1국 2체제'를 유지하는 가운데 헤리티지재단의 경제자유지수(Index of Economic Freedom) 평가에서 1995년 이후 22년 연속 세계 1위를 고수하고 있는 비결을 배우고 싶은 욕심에 어렵사리 짬을 내서 참가하였다.

홍콩 당국과의 만남에 앞서 주 홍콩 한국총영사관의 도움을 받아 홍콩에 진출해 있는 국내 은행의 간부들과 간담회를 가졌다. 가장 많이 나온 의견은 3년마다 교체발령을 내는 본점의 인사원칙 때문에 업무상 전문성 향상이나 홍콩에서의 네트워크 형성에 큰 어려움이 있다는 것이었다. 이와 함께 실패를 자산으로 활용할 수 있는 기회를 한 번 더 주는 시스템을 구축할 필요가 있다는 의견도 나왔다.

홍콩 정부 당국과의 첫 만남은 홍콩의 인프라 개발계획을 책임지고 있는 개발국 간부들과의 미팅이었다. 예전 국제공항이 있던 용지의 재개발을 포함해서 홍콩이 꿈꾸는 개발계획의 청사진을 듣다 보니 필자가 '제4차 경제개발 5개년 계획'을 수립하는 반원의 한 사람으로 참여했던 초년병 경제 관료 시절의 추억이 떠올랐다. 이어서 홍콩의 해변사무위원회(Harbourfront Commission) 위원장과 면담도 갖고 또 시립 갤러리도 방문했는데, 공통된 주제는 인간 친화적인 개발이었다. 어떻게 하면 개발로 인해 인간이 소외되지 않고, 오히려 인간이 중심이 되고 인간의 행복이 증진되는 방향으로 개발이 될 수 있을까를 고민하는 발상이다.

예전에 공항이 있던 주룽반도 동쪽을 기존 '중앙상업지구(CBD)'보다 훨씬 큰 '제2 중앙상업지구(CBD 2)'로 개발하고, 서쪽은 문화 특구(West Kowloon Cultural District)로 개발하고 있다. 그 현장을 방문해 보니, 이 또한 환경보전을 강조하는 자연친화적인 개발을 중시하고 있다. 홍콩 정부가 제공한 헬리콥터를 타고 홍콩섬과 주룽반도는 물론 본토와의 국경 지역까지 돌아보며 설명을 들은 덕분에 홍콩 전역의 개발 전략을 큰 그림으로 이해할 수 있게 되었다. 덤으로 필자가 공동위원장을 맡고 있는 새만금 개발사업에 참고할 만한 아이디어도 얻는 망외 소득도 있었다.

홍콩에서 필자의 관심을 가장 크게 끈 부분은 율정사(Department of Justice)에서 들은 '법치(Rule of Law)'와 염정공서(부패방지청)에서 들은 '청렴(Anti-Corruption)'이라고 할 수 있다.

몇 번을 강조해도 지나치지 않을 홍콩의 가장 큰 강점은 역시 법치와 청렴이 아닌가 싶다. 홍콩 정부는 2017년 현재 734만 명인 인구가 2043년에는 822만 명으로 피크가 되고, 현재 251만인 가구 수는 2046년 297만 가구로 피크가 될 것이라는 전망을 염두에 두고 도시계획을 설계하고 있다. 우리가 홍콩에서 가장 본받아야 할 것이 있다면 일관성 있는 법 집행을 통해 국민에게 예측 가능성을 높여주는 것과 부패 없는 청렴 사회를 조성하는 것이리라.

최근 서울에 증권사 지점을 개설한 미즈호 금융그룹의 동아시아 지역본부 대표와 홍콩에서 식사를 하면서 문득 이런 생각이 들었다. 10여 년 전 동북아 금융허브가 되겠다고 호기롭게 달려가던 한국 금융은 지금 어디로 가고 있는 것인가? 고도의 자치권을 보장한 '1국 2체제' 홍콩의 종결을 30년 앞둔 이 시점에서, 다국적 기업의 아시아지역본부를 서울로 유치하려면 우리가 홍콩에서 배울 것은 무엇이고 피할 것은 또 무엇인가?

마지막으로, 우리 공직자들도 홍콩 공무원처럼 한결같은 자신감과 자부심으로 신나게 일할 수 있도록 기를 북돋아 줄 방법은 무엇일까 고민해 본다.

[매경의 창] (2017.11.9.)

40 · 50대, 도전에 어떻게 응전할까

얼마 전 '4차 산업혁명'에 관한 강의를 듣는 자리에서 50세 전후에 밀려나는 퇴직자들을 화두로 대화를 나눈 적이 있다. 세상은 4차 산업혁명이니 뭐니 해서 급변하는 환경에 90세까지 장수하는 시대가 도래하게 되니 50세 전후 퇴직자의 남은 생이 심히 걱정된다는 이야기였다.

그로부터 얼마 후 국내 굴지의 대기업 CEO로부터 더욱 실감 나는 이야기를 들었다. 올해 수주 목표의 60% 정도밖에 달성하지 못한 그 기업은 향후 일감 부족이 예상되는 만큼 선제적으로 구조조정을 단행하기로 하고 본인도 스스로 물러나기로 했다는 것이다.

가슴 아픈 일이지만, 기업이 살아남기 위해서는 230여 명의 임원 가운데 30%가 넘는 70여 명을 퇴직시킬 수밖에 없다는 것이다. 필자는 기업의 생존을 위한 불가피한 선택이려니 하고 고개를 끄덕이다가 막상 이번 퇴직 임원의 평균 연령이 52세라는 말을 듣는 순간 커다란 충격에 빠졌다. 이는 40대 후반부터 50대까지 임원이 강제 퇴직을 당하게 된다는 이야기가 아닌가? 왕성하게 활동할 나이의 가장이 직장을 잃게 되면 그 가정은 어떻게 되며, 그들의 경륜이 제대로 활용되지 못한다면 국가적으로는 또 얼마나 큰 낭비인가를 생각하니 암울한 생각을 금할 수 없었다.

요즘 주변을 둘러보면 50세 전후에 직장을 그만두고 방황하는 사람이 너무 많다. 퇴직 후 남은 삶이 창창한데 대책 없이 나날을 보내고 있는 후배들을 보노라면 참으로 안쓰럽다. 정부나 기업 또는 사회단체의 노력만으로 해결하기에는 그 숫자가 너무 많기도 하고 또 감당할 수도 없으리라 생각된다. 그렇다면 결국 각자 스스로 해법을 찾는 수밖에 없다는 결론에 도달하게 된다.

필자는 2013년부터 3년간 한국방송통신대학교 석좌교수를 지낸 바 있다. 이 대학은 1972년 설립 당시에는 대학 교육의 기회를 놓친 성인의 평생교육기관으로 출범했으나 지금은 변화의 물결에 대응하기 위한 '평생학습터전' 역할을 담당하고 있다. 필자가 3년 동안 주로 시도한 일은 40 · 50대를 포함한 성인 학습자의 제2 인생 설계를 도와주는 교육 프로그램을 만드는 일이었다. 45세에 가수의 길로 들어선 소리꾼 장사익 선생의 인생 역정 프로그램을 만들어보기도 했고, '세상을 만드는 용기-대한민국 명장을 만나다' 시리즈에서는 명장들의 숙성된 경험담을 들려주기도 했다. 요컨대 앞선 40 · 50대가 살아온 경륜을 공유하는 프로그램을 많이 진행해보았다.

원격 교육기관이 이 대학만 있는 것은 아니다. 지금은 여러 사이버대학에서 평생학습의 기회를 제공하고 있다. 급변하는 변화의 물결 속에서 끊임없이 자기계발을 하지 않는 40 · 50대는 뒤처질 수밖에 없다. 낙오되지 않고 살아남으려면 쉼 없이 공부하는 습관을 길러야 한다. 나이 들어가면서 '추하게 늙지 않고 곱게 익어가는' 가장 좋은 방법은 평생학습을 통해 자신을 갈고닦는 것이다. 그렇게 하다 보면 덤으로 제2의 경력을 새롭게 시작하는 기회도 잡을 수 있다.

김준일 락앤락 회장이 설립한 '아시아발전재단'이 있다. 이 재단은 2018년 40 · 50대 퇴직자들을 교육시켜 베트남에 재취업시키는 프로그램을 구상하고 있다. 한국방송통신대학교와 협약을 체결하고 그곳에서 베트남어와 베트남 문화를 수강한 사람 가운데 20명을 선발한다.

그 후 베트남에서 3개월 정도 합숙훈련을 시켜 현지의 한국 기업이나 베트남 기업에 취업시키고자 하는 계획이다. 수많은 40 · 50대 퇴직자를 생각하면 아직은 지극히 미미한 수준이지만 퇴직자들의 경륜을 활용하면서 그들의 사기도 살려줄 수 있는 이런 프로그램이 널리 확산되기를 기대해본다.

필자는 후배들에게 농담처럼 "중국의 성공 요인이 무엇이라고 생각하는가?" 묻곤 한다. 우스갯소리 같지만 필자의 답은 "차이나기 때문"이다. 현재 40 · 50대가 처한 험난한 도전에 지혜롭게 응전하는 방법은 각자가 다른 사람과 차별화하는 전략이 아닐까?

[매경의 창] (2017.12.21.)

새삼 행복에 대하여

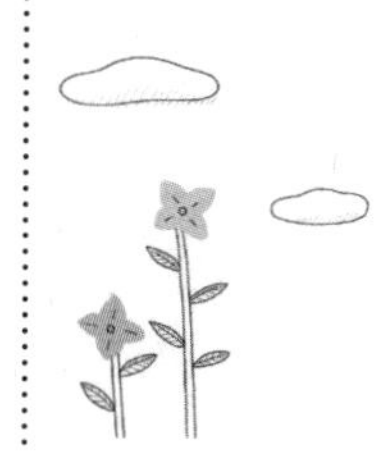

1974년 미국 경제학자 리처드 이스털린 교수는 '경제성장은 인간의 행복을 증진시키는가? 경험적 증거(Does Economic Growth Improve the Human Lot? Some Empirical Evidence)'라는 논문을 발표했다. '경제학'이란 사람이 살아가는 데 필요한 재화나 용역을 생산 · 분배 · 소비하는 '경제'를 연구하는 학문인데 이스털린 교수는 경제학자로서는 최초로 '경제성장과 인간의 행복'의 상관관계에 관한 실증적 연구를 했다. 더구나 결론이 일반인의 상식과 배치되는 것이어서 주목을 끌었다. 사람들은 돈이 많을수록 더 행복해질 것이라는 기대 하에 더 많은 돈을 벌려고 노력한다.

하지만 그의 연구 결과는 "기본적인 욕구가 충족될 때까지는 소득과 행복이 비례하지만 그 후는 그렇지 않다"는 것이다. 그로부터 이 명제는 '이스털린 역설(Easterlin Paradox)'이라고 불린다. '제1차 경제개발 5개년 계획'이 시작된 1962년 당시 대한민국은 1인당 국민소득이 100달러에도 못 미치는 세계 최빈국이었다. 1973년 400달러에 도달함으로써 유엔이 정한 빈곤선인 하루 1달러를 넘어섰고, 1994년에는 1만 달러, 2006년에는 2만 달러에 도달했으며 이제는 3만 달러 수준에 이르렀다. 하지만 안타깝게도 자살률은 경제협력개발기구(OECD) 국가 중 1위이며 "한국은 지옥과 비견될 정도로 살기 힘든 나라"라는 뜻을 지닌 '헬조선'이라는 단어마저 등장했다.

지난 반세기 동안 우리도 어쩌면 경제가 발전하면 나라 전체가 행복해질 것이라는 전제를 바탕에 깔고 열심히 살아왔다고 할 수 있다. 그 과정에서 1997년 외환위기로 IMF 체제의 아픔을 겪기도 했지만 지금은 다른 나라들이 부러워할 정도의 소득수준에 도달했다. 그럼에도 불구하고 우리 내부는 왜 이렇게 불만과 갈등이 끊이지 않는가? 또 이를 해소하려면 어떻게 해야 하나? 이에 대해서는 여러 견해가 있을 수 있겠지만, 필자는 우리나라도 이제 경제성장만으로 이런 문제를 해결할 수 있는 단계가 아니라는 생각이다. 다시 말해서 '이스털린 역설'이 적용되는 단계에 도달한 느낌이다.

여기서 새삼 행복에 대해 생각해 본다. 필자는 2002년 통계청장 시절 행복지수를 고민해 본 적이 있다. 행복을 "자신이 바라는 바가 이뤄져 만족스럽게 느끼는 상태"라고 정의한다면, 행복지수는 두 가지에 의해 좌우된다고 할 수 있다. 많이 성취하게 되면 행복지수는 당연히 높아질 것이다. 한편, 바라는 바가 적을수록 행복지수가 높아진다는 사실 또한 자명할 것이다. 이런 생각을 '행복지수=자기가 성취한 것/자기가 바라는 것'으로 정리해 보았다. 현대 경제학의 아버지 폴 새뮤얼슨 교수도 이와 비슷한 말을 했다는 사실을 나중에 알게 되었다. 그는 '행복=소유/욕망'이라고 정의하고 욕망이 같다면 소유가 많을수록, 소유가 같다면 욕망이 적을수록 행복해진다고 말했다.

다만, 이의 시사점에 관한 견해는 약간 다르다. 여기서 중요한 포인트는 "내가 바라는 것에 비해 내가 성취한 것"이므로 나의 행복지수에 있어 가장 중요한 핵심은 다른 사람이 아닌 내가 느끼는 바다. 또 한 가지 행복해지려면 "남과 비교하지 말라"가 아니라 "남과 비교하라"고 말한다. 그 대신 나보다 더 많이 성취한 사람과만 비교하지 말고 나랑 비슷한 사람, 나보다 어려운 사람과도 비교하라고 충고한다. 필자는 농담처럼 위하고만 비교하다가 목 디스크로 고생하지 말고 전후좌우도 둘러보며 비교하라고 권한다. 그러면 나만 힘든 게 아니라 세상 모든 사람이 다 나름 힘들게 산다는 것을 깨닫고 위안도 되고 감사한 마음도 싹튼다. 나아가 나보다 더 어려운 사람에게 도움의 손길을 건넨다면 이야말로 사회의 행복지수를 높이는 방법이 아닐까? 이렇게 함으로써 "도움은 주는 사람이 받는 사람보다 먼저 행복해진다"는 평범하지만 매우 중요한 진리도 깨닫게 될 것이다.

[매경의 창] (2018.2.1.)

부록 2

오종남의 워싱턴 편지

필자는 2004년부터 2006년까지
IMF 상임이사로 근무하는 동안
국정 홍보처 '국정브리핑'의
외부 필진으로
『오종남의 워싱턴 편지』를
연재한 바 있다.
지금 꺼내서 다시 읽어 보아도
되새길 만한 내용이 있다고
생각되어 그 일부를 수록한다.

21세기 삶의 공식: 30+30+30(Triple 30s)

■ 중대 기로에 선 '노후 30년' 대비 연금제도

오늘날 우리 사회가 당면한 가장 큰 문제의 하나는 양극화의 심화라고 할 수 있다. 그런데 세계의 많은 나라 또한 양극화의 문제를 겪고 있다. 경제성장과 복지 수준의 향상이란 선순환은 일부 선진국의 얘기일 뿐, 많은 나라들이 저성장과 빈곤의 악순환에서 벗어나지 못하고 있는 것이 현실이다.

이 문제 해결에 도움을 주고자 최근 IMF는 G-8 선진국의 주도 아래 채무 과다 빈곤국가들(대부분 아프리카 국가들)의 부채를 탕감해주기로 결정한 바 있다. 그러나 IMF 내부에서조차 이러한 '빌려주고 삭감해주기'식의 지원정책 반복이 그 나라 빈곤 퇴치에 도움이 되기는커녕 오히려 도덕적 해이만 키운다는 비판이 있다.

한편 선진국일수록 더 심각하게 다가오고 있는 문제가 있으니, 이것은 저출산-고령화의 문제다. 1945년 제2차 세계대전이 끝나고 군인들이 가족의 품에 돌아가게 되어, 1946년부터 10여 년간 전 세계의 출산율이 급등하며 이 시기에 태어난 사람들을 흔히 베이비붐 세대라고 한다. 그리고 내년은 1946년생이 만 60세가 되는 해이다. 많은 선진국들이 그동안에는 근로자들의 연금 납입 총액이 연금가입자가 받아가는 총액보다 더 많았기 때문에 별문제 없었으나, 이제 베이비붐 세대가 연이어 은퇴하고 본격적으로 연금을 받아갈 시기가 되면서 걱정들을 태산같이 하고 있다.

■ 연금제도 개혁에 국가적 명운 달려

많은 선진국들이 계속 번창하느냐, 아니면 중위권 국가로 전락하느냐는 국가적 명운이 연금제도 개혁의 성공 여부에 달려 있음을 잘 알면서도, 서로 다른 이해관계의 정치적 조정이 쉽지 않은 관계로 많은 어려움을 겪고 있다.

우리의 경우에는 6 · 25전쟁이 끝나고 1950년대 중반부터 베이비붐이 시작됐으니, 선진국들보다는 조금 더 시간적 여유가 있다고 생각할지 모르겠다. 하지만 젊은 세대들은 취직을 못 하고 있고, 한참 연금을 붓고 있어야 할 중년 세대는 우스갯소리로 '사오정'이니 '오륙도'니 하면서 조기 퇴직을 당하고 있으니 우리의 연금제도도 이미 중대한 기로에 와 있다고 할 것이다.

연금제도개혁이란 결국 개인이 노후에 받아갈 연금이 줄어든다는 것이므로, 스스로 자신의 노후를 책임져야 할 몫이 그만큼 커진다는 것을 의미하게 된다. 지금까지 우리나라에서는 대체로 부모들이 유교적 윤리를 바탕으로 자식들에게 모든 것을 다 주고, 자신의 노후는 자식들에게 의지하는 방법을 택해 왔다. 이러한 현상을 '자식 보험'이라고도 할 수 있다. 그러나 우리는 이제 더 이상 자식이 노후보험이 아니라는 현실을 보게 됐다. 미국이나 일본처럼 자식이 부모의 노후를 책임지지 않는 선진국을 보면 우리나라의 미래상이 어떨지 확연히 알 수 있다. 우리 세대를 효도를 한 마지막 세대이면서, 자식의 보호를 못 받게 되는 첫 번째 세대, 즉 '낀 세대'라고 부르는 까닭이 여기 있을 것이다. 이것은 내 자식이 유독 불효자이기 때문이 아니라, 사회 전반적인 추세이기 때문에 '우리 아이만은 다를 거야' 하는 바람이 이루어질 확률은 낮을 수밖에 없다.

■ 자식은 더 이상 '노후보험'이 될 수 없다

우리나라의 인구 통계를 보면 왜 자식이 더 이상 노후보험이 될 수 없는지 그 이유가 더 명확해진다. 여성 한 사람이 평생 낳는 아이의 숫자를 합계출산율이라고 하는데, 1965년 우리나라의 합계출산율은 6명이었다. 그러던 것이 최근에는 1.2명 이하로 낮아졌다.

자녀가 여섯 명쯤 된다면 그중에 잘 사는 자녀가 있거나, 아니라도 장남에게 다른 형제들이 조금씩 십시일반으로 보조해 부모님을 모실 수도 있을 것이다. 그러나 이제 거의 모든 가정에 장남 또는 장녀밖에 없는 상황이 됐고 더구나 '눈에 넣어도 아프지 않을' 하나뿐인 이들 자녀 교육을 위해 어떤 희생도 마다하지 않는 현 세태에서, 퇴직 후 아랫목 차지하고 계시는 부모님을 단 한 명의 자녀가 부양하기는 참으로 어려워 보인다.

1960년에 우리나라의 평균 수명은 52세 정도였다. 그때는 부모님이 60세까지 사시게 되면 성대한 회갑 잔치를 해서 축복해 드릴만큼 경사스러운 일이었다. 그러나 최근 들어 우리 국민의 평균수명은 이미 80에 가까워졌다. 최근의 웰빙 추세와 의학의 발전을 생각하면 머지않아 90세까지는 살아야 천수를 누렸다는 소리를 듣게 될 것 같다. '도둑'이라는 소리까지 들으며 56세까지 근무하더라도, 군대 갔다 와서 변변한 직장에 취직도 못 하고 '비정규직'을 전전하고 있는 자식에게 어떻게 30년 넘게 얹혀살 수 있을까?

■ 30+30+α(餘生), 마지막 30년 준비 안 된 사람에게는 악몽

지금까지 우리 한국인의 삶의 공식은 '30+30+α(餘生)'였다. 즉, 태어나서 30년을 부모의 보살핌 속에서 공부하고 취직하고 결혼도 했다. 그리고 나머지 30년은 부모들이 우리에게 했던 것처럼 돈 벌고 아이 낳아 시집장가 보내면서 산다. 환갑 이후의 생은 남은 삶, 즉 여생으로서 잠깐 자식의 부양을 받다가 끝난다. 그러나 앞서 본 바와 같이 이제는 '30+30+30'의 인생으로 삶의 공식이 바뀌었다. 일명 트리플 30(triple 30s)이 된 것이다.

이 마지막 30년은 준비된 사람에게는 축복일 것이다. 그러나 준비되지 않은 사람에게는 악몽 같은 기간이 될 수 있다. 특히 몸이라도 아파 병구완을 받으며 살 수밖에 없는 경우에는 더욱 그럴 것이다.

극작가 버나드 쇼(1856~1950)의 묘비에는 자신이 남긴 다음과 같은 유언이 쓰여 있다고 한다.

"우물쭈물하다가 내 이럴 줄 알았다(I knew if I stayed around long enough, something like this would happen)." 69세에 노벨문학상을 받고 90세

가 넘게 살다 간 그의 말년은 결코 악몽이 아니었겠지만, 우물쭈물하는 동안에 노후는 소리 없이 우리의 발밑으로 기어들고 있는 것이다. 그때 가서 아차! 하고 후회해도 이미 때는 늦을 것이다.

[오종남의 워싱턴 편지] (2005.12.13.)

왕자와 공주들의 30년 후?

■ 우리 아이들 미래 위해 저출산 · 고령화 대책 서둘러야

이미 50년도 훨씬 더 전인 1949년에 영국의 왕립 인구위원회(Royal Commission on Population)는 보고서에서 '전체 인구 중 젊은이의 인구 비중이 줄어드는 사회는 기술적인 효율성과 경제복지 면에서뿐만 아니라 문화 예술적인 성취에 있어서도 다른 사회에 뒤질 가능성이 높다' 라고 서술하면서 저출산과 고령화의 사회경제적인 파급효과를 우려했다.

최근 들어 우리 사회에서도 저출산과 고령화 문제가 시급히 해결

돼야 할 과제로 집중적인 조명을 받고 있다. 1960년 52세이던 평균 수명이 최근 들어 78세에 접근했다. 특히 여성은 이미 80세를 넘어서게 됐다. 오래 사는 것이야말로 우리 모두의 염원이라 할 수 있다.

■ 세계에서 가장 빠른 한국의 고령화 속도

이와 함께 여성 한 명이 평생 낳는 아이 수, 즉 합계출산율이 턱없이 낮아져서 1965년 6명에서 최근에는 인구가 유지되기 위해 필요하다는 '대체출산율' 2.1명을 훨씬 밑도는 1.2명 이하로 떨어졌다. 그러다 보니 한국도 지난 2000년 65세 이상 인구가 전체 인구 가운데 차지하는 비중이 7%에 도달해 소위 고령화 사회에 진입했다. 문제는 고령화의 속도가 세계에서 유례를 찾아보기 힘들 정도로 빠르다는 데 있다.

일례로 미국은 1942년 '고령화 사회'에 진입한 이후 65세 이상 인구가 14%에 달하는 '고령 사회'에 진입하는 데까지 71년이 걸릴 것으로 예측하고 있다. 세계적 기록을 가진 이웃 일본도 24년을 예상하고 있는 반면, 우리는 그보다 6년이 빠른 18년 후 고령사회에 도달할 것으로 전망하고 있다. 다시 말해 노후에 대비할 새도 없이 고령사회가 우리 발밑으로 밀려옴으로써, 노후가 불안한 상태로 오래 사는 시대를 맞게 된다는 것이다.

어느 가정이건 지금 한국에서 태어난 아이는 왕자, 혹은 공주에 다름 아니다. 자식이 하나이다 보니 부모는 물론이고 할머니 할아버지, 그리고 외할머니 외할아버지 등 모두가 이 아이의 입에서 무슨 이야기가 떨어지기가 무섭게 신하처럼 받들어 시중을 드는 것을 어렵지 않게 볼 수 있다. 간단히 계산하면 특별한 가정이 아니면 보통 신하 5~6명을 거느린 왕자와 공주가 되는 것이다.

■ 자식 1명이 6명을 부양해야 할 판

한편 이들이 30대가 되는 2030년대의 상황을 상상해보면 생각하기조차 겁나는 현상이 벌어질 것이 예상된다. 생활 수준의 향상과 의학기술의 발달 등으로 한국인의 평균 수명은 90살에 이르게 될 것이므로 60대의 부모와 90대의 조부모 및 외조부모 대부분이 살아계실 확률이 높다. 지금의 추세대로 사오정(45세 정년), 오륙도(56세까지 일하면 도적) 현상이 지속된다면 그의 부모는 경제활동을 멈추고 은퇴하고 있을 가능성이 거의 확실하다. 그렇다면 그는 이제 사회에 나온 지 얼마 되지 않는 사회초년병인 처지에 부양해야 할 대상은 많게는 여섯 명까지가 될 것이다.

우리나라의 고령자들이 자녀에게 경제적 도움을 받는 비율은 85년 72%대에서 95년 56% 수준으로 하락했다. 같은 기준으로 일본의 고령자들의 경우는 85년 15%대에서 95년 4%대로 떨어졌다. 한편 미국은 이미 85년 조사에서부터 0%에 가깝다. 모르긴 하지만 우리나라도 이미 30~40%대로 내려왔을 가능성이 높다고 보아야 할 것이다. 이 같은 추세는 우리나라에서도 자식이 더 이상 노후 보험이 될 수 없음을 시사해준다.

개인도 개인이려니와 국가 전체를 놓고 볼 때 문제는 어떤가? 문제의 핵심은 왕자와 공주 세대가 미래 경제활동의 주역이 될 때 과연 전체 국민을 경제적으로 먹여 살릴 수 있을 것인가이다.

이는 인구 구성 측면에서 생산에 가담하는 인구가 충분한 부양 능력을 가지고 있느냐의 문제로 귀결된다. 65세 이상 인구대비 15~64세 인구를 흔히 노년부양비라고 정의한다. 우리나라의 노년부양비는 지난 2000년 10% 수준에서 2030년에는 35% 수준으로 3배 이상 악화될 것으로 전망된다.

■ 출산장려책을 시행해야 하는 이유

이를 해결하기 위해서는 결국 생산성을 높이거나 아니면 생산에 가담하는 인구를 늘리는 방법을 생각할 수 있다. 경쟁을 강화하거나, 노동시장과 가격의 유연성을 높이거나 아니면 발명을 촉진하는 등 생산성을 향상시키기 위한 다양한 정책을 지속적으로 추진하는 가운데 아이를 많이 낳도록 출산장려정책을 시행하여야 하는 이유가 분명해진다.

하지만 단기간 내에 생산성을 향상시킨다거나 생산에 가담할 인구를 늘리는 일이 어렵다는데 이들 저출산 · 고령화에 대한 근본적인 해결방안의 한계가 있다. 간단한 예로 지금 당장 출산 장려책이 성공하여 1.2명이 아니라 2명을 낳는다고 하더라도 그들이 커서 생산 활동에 참여하기까지 적어도 25년 이상의 세월이 소요되지 않겠는가? 그렇다면 그사이 문제 해결에 도움을 줄 수 있는 대안은 무엇일까

지금 주요 선진국에서는 경제활동 참가를 확대하기 위한 다양한 정책을 논의 · 시행 중에 있으며, 생산 활동에 참가하는 사람의 수를 늘리는 방안이 기본 골격으로 자리 잡고 있다. 여성의 경제활동 참가율을 제고하는 한편, 중장년층에게 보다 오랫동안 일할 기회를 보

장해줄 수 있는 다양한 정책이 그것이다. 여기에다 외국 노동력의 수입을 권장하는 이민정책도 국가의 생산 활동을 현 수준으로 유지하는 한 가지 방편으로 활용되고 있다.

우리 사회도 주요 선진국에서 시행하고 있는 정책 중 실현 가능한 정책과 접목이 어려운 정책을 면밀히 검토하여 관련 정책의 계획과 집행을 좀 더 종합적으로 다뤄야 할 필요가 있다.

■ 여성이 편하게 일할 수 있는 여건부터

우리 사회에서 여성이 생산 활동에 참가하는 비율이 과거에 비해 높아진 것은 사실이다. 현재 한국의 여성 경제활동 참가율은 50% 수준에 달하고 있다. 그러나 아직은 우리나라 여성의 고학력에도 불구하고 스웨덴(76%), 노르웨이(69%) 등에 비해서는 여전히 낮은 실정이다.

여성의 출산 장려와 경제활동 제고를 위해서는 무엇보다도 여성이 마음 편하게 일할 수 있는 여건을 마련하는 것이 긴요하다. 이를 위해서 일하는 여성을 위한 보육시설의 증대, 육아 수당 · 휴가 제도의 확대, 파트타임 직장 확대 등 가족 친화적인 노동시장 정책을 꾸준히 추진할 필요가 있다.

한편 사오정 오륙도로 일컬어지는 중년 세대의 조기퇴직 풍조도 고쳐야 할 현상으로 보인다. 조기 퇴직은 고령화의 진전으로 의료보험비 및 연금 지급의 증가, 세대 간 갈등 심화 등 막대한 사회적 비용이 수반된다. 생산 활동에 참여할 수 있는 능력 있고 전문성 있는 중년 세대들이 순전히 나이만을 기준으로 조기 퇴직을 강요당하는 세태는 재고돼야 할 풍조로 보인다.

한 걸음 더 나아가 노동시장의 유연성을 저해하지 않는 선에서 퇴직 연령을 합리적으로 늘리는 방안도 필요한 것이 아닐까? 이와 관련해서 프랑스, 일본, 이탈리아 등 선진국이 정년을 연장한 경험이나, '연금 혜택 축소 없는 정년 연장방안'이 '정년을 유지하면서 연금 혜택을 축소하는 방안'에 비해 경제성장에 보다 우호적이라는 최근의 IMF 분석(인구 구조 변화가 세계 경제에 미치는 영향, 2004)은 시사하는 바가 크다.

■ 중장년층 재취업 확대 노력도

또한 중장년층의 재취업 기회를 확대할 수 있도록 재교육 여건을 확대하는 노력도 병행되어야 할 것이다. 중장년층의 생산 활동 가담 정도를 높이는 다양한 정책을 내실 있게 추진함으로써 이들을 중심으로 경제 활동 참가 인구를 늘려나가고 연금제도의 부담도 줄이는 일

석이조의 효과를 거둘 수 있을 것이다.

현재의 왕자와 공주들이 30년 후 사회적 부양 의무를 전적으로 떠맡는다는 것은 현실적으로 가능하지도 않을뿐더러 '눈에 넣어도 아프지 않을' 자식을 진정으로 사랑하는 올바른 방법도 아닐 것이다. 이러한 관점에서 최근에 도입된 개인연금제도의 성공적인 정착과 국민연금제도의 개혁이 갖는 의미가 얼마나 중요한 것인가가 분명해진다.

30년 후 왕자와 공주들의 사회적 부양 부담을 나누어 지는 진정한 자식 사랑을 보여주기 위해서는 국가적으로 저출산 · 고령화에 대한 다각적이고 실효성 있는 각종 대책을 체계적으로 수립하고 꾸준하게 집행해 나가는 한편, 개인적으로도 '자식 보험' 대신 '자신에 대한 투자'를 당장 오늘부터 늘려가는 지혜가 필요하지 않을까 생각해본다.

[오종남의 워싱턴 편지] (2005.12.30.)

기러기 가족의 손익계산서

1980년대 중반 이후 경제학자들은 무엇이 한 나라의 경제 발전에 결정적으로 도움이 되었는가에 대한 연구를 활발히 진행해 왔다. 특히 인간자본(human capital), 연구개발(R&D), 수확체증(increasing returns), 외부경제효과(externalities) 등이 경제 발전을 설명하는 주요 요인으로 논의되었다. 그 가운데 교육 수준과 경제 발전의 상관관계가 인적자원 이외에 자원이라고는 거의 없는 우리 입장에서는 아무래도 가장 주목을 끈다.

하버드대학의 바로(Barro) 교수는 경제성장 요인에 관한 시계열분석(경제성장론, 1995)을 통해 중등교육과 고등교육 참가율 등 교육 수준이 높을수록 인간자본의 질이 높아져서 결국 경제성장률 또한 높아지게 된다는 것을 통계적으로도 확인해 주었다.

■ 교육과 경제 발전

경제개발연대를 시작하던 해인 1962년 80달러 수준에 불과했던 우리나라의 1인당 국민소득이 불과 40여 년 만에 1만6,000달러 수준에 이르고 경제규모가 세계 10위권에 도달하게 된 배경에는 누가 뭐라 해도 우리의 높은 교육열을 부정할 수 없을 것이다. 사람을 제외하고 변변히 내세울 자원이 없는 우리 한국이 오늘날 많은 개발도상국들이 부러워할 정도로 이 만큼 경제 발전을 이룩할 수 있었던 데는 자식 교육을 위해 자신들의 모든 것을 바친 부모들의 무조건적인 헌신과 희생이 뒷받침되었다고 해도 과언이 아닐 것이다.

필자의 어머니 또한 한국전쟁 끝 무렵 남편이 군인으로 전사하게 됨으로써 전몰군경 미망인이 된 이후 홀로 아들인 동시에 남편이자 평생 프로젝트였던 외아들을 키우는 데 당신의 전부를 바치셨다. 현재까지도 자식 교육에 대한 이러한 믿음은 면면히 이어져 내려와 우리 삶에 다양한 형태로 나타나고 있으니, 최근 들어 우리 사회의 '기러기' 가족 출현 또한 그 한 예라 할 수 있겠다.

■ 워싱턴의 기러기

미국의 유명 일간지 워싱턴포스트는 지난해 초 자녀들의 조기 유학을 위해 떨어져 사는 이곳 워싱턴 근교의 한 한국인 가족의 사연을 소개하면서, '고통스러운 선택(A Wrenching Choice)'이란 제목으로 특집 기사를 내보낸 적이 있다. 전통적으로 결혼의 상징이 되어온 기러기들이 새끼들에게 먹이를 가져다주기 위해 장거리를 여행한다는 점에서, 자녀 교육을 위해 부부가 떨어져 사는 이러한 한국의 가족들을 기러기라 부른다고 설명했다. 이 신문은 그러나 한국의 왜곡된 교육제도가 낳은 이러한 기러기 가족들이 수년에 걸친 높은 교육비용에 의해 종종 가족 붕괴를 경험할 수도 있다고 보도하였다.

한편 작년 10월에는 한국에서 부인과 함께 자녀를 유학 보내고 6년이나 홀로 지내던 한 50대 '기러기' 가장이 숨진 지 닷새 만에 발견되었다는 가슴 아픈 기사가 보도되기도 했다. 전 세계적으로 전무후무하다는 한국의 '기러기' 가족 출현의 배경에는 비단 워싱턴포스트지가 꼬집은 국내 교육정책의 파행에 따른 우리의 왜곡된 교육제도뿐 아니라 국가적 경제성장과 세계화 추세, 경쟁사회 생존전략으로서의 차별화된 교육의 필요성, 고학력 386세대 부모들의 변화된 세계관과 이에 따른 자녀 교육 선택에 대한 시각과 폭의 확대 등 다양한 이유들이 자리 잡고 있다.

이러한 통합적 시각에서 '기러기' 가족의 출현 배경을 들여다본다면, 이는 당장의 대안이 부족한 현실 속에서 개인과 국가의 미래를 책임질 양질의 교육에 대한 초과 수요가 만들어 낸 자연스러운 결과라고 여겨질 수도 있다. 문제는 '기러기' 가족을 선택할 수밖에 없게 만드는 우리의 답답한 현실과 가족적 아픔은 잠시 접어 두고라도 앞서 워싱턴포스트지가 지적했듯이, 가족 희생이 동반된 수년에 걸친 엄청난 비용의 유학자금 출혈이 과연 내 자녀를 위하고, 또 우리 가정을 위한 것이며 더 나아가 경제 발전에 도움이 될 수 있는 더 많은 우수한 인재를 확보하게 하는 방법이 될 수 있는가 하는 것이다.

■ 기러기 가족의 사회 경제적 비용

정확한 통계를 내기는 어려운 일이지만 조기 유학 때문에 생겨난 '기러기 가족'이 5만여 가구로 추산되고, 그 비용이 한 해 2조 원 이상이라고 한다. 일부 사례이긴 하지만 최근 '비 동거 가족 경험-기러기 아빠를 중심으로'란 제목의 한 논문(최양숙, 2005)에 따르면 2003년 이후 40~50대의 고소득 전문직 종사자 기러기 아빠 20명의 심층 면접결과 이들은 짧게는 8개월, 길게는 11년 동안 가족과 떨어져 살고 있으며,

1년에 8,000만~1억 원의 돈이 드는 비용을 월급은 물론 빚까지 내서 필요 자금을 보내는 회사원도 셋이나 된다고 하니, 여기서 조기 유학에 따른 이들 가족의 사회 경제적 기회비용이 엄청남을 짐작하기가 어렵지 않다.

그럼에도 불구하고 작년 말 경기영어마을이 여론조사기관인 현대리서치에 의뢰한 조사에 따르면, 수도권과 전국 5개 광역시에 살고 있는 주부의 40%가 자녀 조기 유학을 생각해 본 적이 있는 것으로 나타났으며, 그중 42%가 주 된 이유로 자녀의 '영어학습을 위해서'라고 응답했다고 한다. 내 자녀를 사랑하지만, 그에 못지않게 인생의 동반자와 내 인생과 또 가족 전체의 인생을 소중히 생각한다면, 단지 자녀의 영어학습을 위해서, 또는 '막연히' 자녀에게 경쟁력을 갖게 해주려고 분에 넘는 자녀 교육에 올인을 결정하는 일은 정말 신중하게 해야 할 일이란 생각이 든다.

■ 바람직한 자식 사랑은

자녀에 대한 참된 애정과 관심은 비록 기러기가 되더라도 우리 가족의 모든 걸 바쳐 '하나뿐인' 우리 아이를 위해 가족 전체의 인생을 올인하기에 앞서 내 아이가 평생 무엇을 하고 싶어 하는지, 또 무엇을 남보다 더 잘할 수 있는지를 자기 스스로 찾게 만드는 데서 비롯되어야 할 것이다. 내가 해 보지 못한 것, 또는 현재 인기 있는 분야가 아니라 자녀가 사회에 나설 때 변화될 미래를 내다보고 내 아이가 그 사회의 일원으로서 제대로 활동할 수 있게 준비시켜주는 부모가 되는 일이 보다 중요할 것이다.

성장한 자녀에게 더 이상 우리 노후를 담보할 수 없게 된 이 시대에, 부모의 삶이 자녀 교육을 위해 어느 정도까지 희생되어야 하는 것일까, 바람직한 자식 사랑은 과연 어디까지일까를 다시 한번 생각해 본다.

[오종남의 워싱턴 편지] (2006.1.12.)

국가정책의 시차: 명심해야 할 과제

대한가족보건복지협회는 금년 들어 인구보건복지협회로 이름을 바꾸고, 활동 방향도 출산장려 운동으로 전환했다고 한다. 1961년 인구 억제를 목적으로 협회가 출범한 지 만 45년만의 일이다. 당시 여성 한 명이 평생 낳는 아이 수를 의미하는 합계출산율은 6.1명이었다. 그러던 것이 근래 들어 1.2명 이하로 떨어지면서 세계에서 가장 아이를 적게 낳는 대표적인 나라가 되었다. 40여 년 만에 출산율이 6.1명에서 1.2명 미만으로 떨어져서 다시 출산장려운동으로 방향을 선회하게 된 셈이다. 사상 유례를 찾아보기 어려운 이 실적만으로도 협회는 가히 노벨상(?)감이다.

■ 노벨상감인 한국의 가족계획

협회의 활동이 얼마나 열성적이고 효과적이었는지는, 당시의 가족계획 구호가 아직도 우리들 귀에 쟁쟁하게 남아 있는 것만 보아도 느낄 수 있다. 아들을 볼 때까지 셋이고 넷이고 계속 아이를 낳던 70년대에는 '딸 아들 구별 말고, 둘만 낳아 잘 기르자'였고, 태아의 성감별을 하여 딸일 경우 임신중절수술을 하는 것이 문제가 되던 80년대에는 '잘 키운 딸 하나, 열 아들 안 부럽다'였다. 60~70년대 새마을운동 당시 '잘살아 보세' 이래로 이렇게 오랫동안 국민의 뇌리에 각인된 '국민 구호'가 또 있었던가 싶다.

1983년 7월 29일이 무슨 날인지 혹 기억하는 독자가 계신지 모르겠다. 이 날은 바로 우리나라 인구가 4,000만을 돌파한 날이다. 이날을 계기로 신문과 TV, 라디오에서는 특집방송을 했고, 정부에서는 '인구폭발 방지 범국민 결의 서명 캠페인'을 대대적으로 벌여 무려 200만 명의 서명을 받았다. 1983년 당시 우리나라의 1인당 국민소득은 2,200달러에 불과했다. 변변한 지하자원 하나 없으면서 인구밀도는 세계 3위인 나라에서 인구가 4,000만 명을 넘었다는 소식에 온 나라가 출산율을 낮추는 데 총력을 기울이게 된 것은 어찌 보면 당연하게 여겨질 수도 있다.

■ 인구정책 관련 상반된 두 통계

이 당시 다양한 출산 억제 시책의 일례로 40~50대 남자들은 예비군 훈련장에서 있었던 에피소드를 기억할 것이다. 사흘 동안의 동원 예비군 훈련 첫날 점심시간이면 가족계획협회의 간사가 나와 정관수술을 하는 예비군에게는 나머지 훈련을 면제해 주겠다고 설득한다. 하루하루 생업에 종사하는 사람들에게 남은 훈련시간의 면제는 거부하기 힘든 유혹이었을 것이다. 온 국민의 이 같은 노력의 결과 1983년 한 해 동안에만 42만6,000명이 불임시술을 하게 됐고, 이는 그 전해인 82년의 28만6,000명보다 14만 명이나 늘어난 숫자였다.

한편 1983년은 인구통계 측면에서 또 다른 중요한 의미가 있는 해였다. 그동안 계속 하락하던 합계출산율이 2.08명으로 떨어져, 현재의 인구 수준을 유지할 수 있는 출산율, 소위 대체출산율인 2.1명 수준에 도달한 해였기 때문이다. 다시 말하면, 우리나라는 1983년을 분수령으로 하여 인구증가율이 현상유지 수준 이하로 떨어졌다.

그럼에도 불구하고 정부는 바로 그해 1월 1일부터 세 번째 아이부터는 의료보험에서 분만급여를 못 받도록 하는 출산억제 정책을 도입해 그 후로도 무려 14년 동안이나 이를 유지하는 우를 범했다. 이외에도 정부는 두 자녀 이하를 낳고 불임 시술을 한 가정의 취학 전 자녀에 대해서는 1차 무료진료 혜택을 주고, 불임시술 영세민에게는 특별 생계비를 지원하는 등 다양한 출산억제 정책들을 펼쳤다.

■ 경제학자와 기상학자의 공통점과 차이점

경제학자에 관한 오래된 유머 가운데 이런 것이 있다. 경제학자와 기상학자의 공통점과 차이점은 기상학자는 예측(기상 예보)이 틀리는 경우는 있지만 적어도 관측(현재 기온) 만은 정확한 반면, 경제학자는 예측(경제 전망)이 제각각 틀리고 관측도 틀린다는 것이다. 여기서 경제학자의 관측이란 예를 들면, 현재 경기가 하강 중인지 아니면 바닥을 치고 회복 중인지에 관한 진단 같은 것을 말한다. 이 유머는 정책을 결정하는 데 있어 가장 중요한 현상의 진단이 얼마나 어려운지를 역설적으로 꼬집은 유머가 아닌가 싶다.

우리나라의 합계출산율은 매년 발표되는 통계이다. 1983년에도 물론 발표됐다. 우리나라의 인구증가와 관련해 합계출산율이 대체출산율 이하로 떨어지는 중요한 질적 변화가 일어났음에도, 인구 4,000만 명 돌파라는 양적 팽창에 압도돼 당시의 정책결정자들이 근시안적으로 이를 간과했던 것이다.

부지런한 농부는 북풍한설 속에서도 희미하게 묻어오는 봄기운을 맡고서 농기구를 손본다. 하지만 어리석고 게으른 농부는 나뭇가지에서 파란 물이 돌고 강남 갔던 제비가 돌아와 날아다니는 것을 보고서야 비로소 봄이 왔음을 안다. 1983년에 누군가 대체출산율 이하로 떨어진 합계출산율을 주의 깊게 살펴보았다면, 그리고 그 후에도 계속해서 하락하는 합계출산율이 20년 후에 가져올 사회 경제적 충격에 대해 경종을 울렸더라면, 셋째 아이 분만 시부터 의료보험 적용을 받지 못하게 하는 어리석음을 1996년 말까지 14년 동안이나 범하지는 않았을 것이다.

■ 시대 흐름 읽지 못한 국가정책들

오늘날 여전히 우리 생활 주변에 사회현상과 반대되는, 또는 변화하는 시대 흐름을 읽지 못하고 이에 역행하는 국가정책들을 종종 만나게 된다. 정책이란 현상 진단과 정책 마련, 그리고 이를 실행에 옮기고 정책 효과가 나올 때까지 상당한 시차가 있기 마련이다.

앞서 살펴본 1983년 인구 억제정책 시행의 한 예는 우리에게 통계가 웅변하는 사회 변화를 제대로 읽고, 정책의 시차까지를 충분히 감안한 처방을 마련한 다음, 비로소 이를 실천에 옮기는 지혜가 얼마나 중요한지를 자명하게 보여준다. 변화하는 사회와 한 나라를 이끌어 갈 국가의 주요 정책들은 그 타당성과 신뢰성에 있어서 적어도 올바른 통계와 그것이 웅변하는 미래에 기초하고 있어야 할 것이며, 이에 근간해 수립되어진 국가정책들이야말로 정책 시차가 가지고 올지도 모르는 미래의 그 어떤 부작용도 최소화시킬 수 있을 것이다.

[오종남의 워싱턴 편지] (2006.1.25.)

세계 경제 속에서 보아야 할 한국 경제

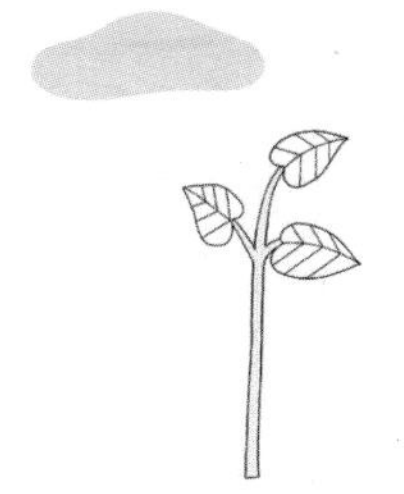

대학을 졸업하던 해인 1975년 공무원 생활을 시작한 필자는 2년 가까이 내무부(행정자치부)와 원호처(국가보훈처)에서 일하다가 1977년 5월부터 경제기획원에서 근무를 시작하게 되었다. 당시 경제기획원의 주요 업무 가운데 하나는 한 해의 나라 살림살이 규모를 계획하는 소위 경제 운용계획을 수립하는 일이었다. 지금 생각하면 부끄러운 고백이지만 법과대학 출신이었던 필자로서는 한국의 경제 운용계획의 첫 머리가 왜 세계 경제 전망으로 시작되어야 하는지 잘 이해가 되지 않았다. 세계 경제 여건이 한국 경제 운용의 중요한 전제가 되고 이에 대한 전망 없이는 우리의 경제 운용계획 논의를 시작할 수 없다는 사실을 깨닫기까지는 상당한 시간이 필요했다.

■ 한국 경제의 현주소: 세계 10위의 경제 대국

부존자원 하나 변변히 없는 우리 대한민국은 국민들이 허리띠를 졸라매고 열심히 일한 덕택에 62년 개발연대를 시작한 지 40여 년 만인 2005년에는 1인당 국민소득이 1만6,000달러를 넘어서게 되었다. 경제 전체 규모로는 2004년에 이어 2005년에도 10위를 유지한 것으로 추정되어, 한국은 2년 연속 세계 10위의 경제 대국 자리를 차지하고 있는 셈이다. 또한 상품과 서비스를 망라한 교역 규모로도 2005년 세계 12위에 해당하는 5천억 달러를 돌파하였다.

이제 한국은 경제 전체 규모로 보나 교역 규모로 보나 더 이상 동아시아 조그마한 반도의 보잘것없는 개발도상국이 아니라, 가히 세계 경제를 주도할 수 있는 경제 대국이 된 것이다. 오늘날 세계 경제 속의 우리의 위상이 이 정도에 이르렀으니 세계 경제 흐름에 대한 정확한 이해 없이는 한국 경제 운용계획을 수립하거나 전망하기가 사실상 불가능한 단계에 이르렀다. 세계 경제 속에서 한국 경제를 바라보아야 하는 이유가 바로 여기에 있는 것이다.

■ 2006년 세계 경제: 강한 성장세 지속 예상

올해 세계 경제는 2005년의 4.3 % 성장에 이어 강한 성장세를 지속할 것으로 예측된다. 주요국가의 경제전망을 살펴보면 우선 새로운 세계 경제 성장엔진으로 떠오른 중국과 인도 경제가 각각 8% 중반과 7% 중반의 높은 성장세를 지속할 것으로 예상된다. 한편 지난해 다소 주춤했던 미국 경제는 올 한해 전반적으로 양호한 성장세를 유지할 것으로 보이며, 그동안 부진했던 일본과 유럽 경제는 견실한 회복세에 들어설 것으로 전망되는바, 바야흐로 성장 기운이 세계 전반으로 확산될 것으로 기대되고 있다. 지난 1월 중순경 세계 유수 전망기관들의 전망을 평균하여 발표하는 컨센서스 전망 또한 이러한 세계 경제 성장에 대한 우호적 기대를 반영한 듯 전년 11월 예상보다 좀 더 낙관적인 세계 경제 전망치를 발표하였다.

■ 단기 불안요인: 고유가 지속, 금리 인상 기조

이러한 세계 경제 성장에 대한 단기적 불안요인으로는 국제 유가의 고공행진과 세계적 동반 금리 상승의 가능성을 들 수 있다. 중국과 인도의 고성장에서 촉발된 원유에 대한 강한 수요요인이 지속될 것이고 단기에 석유공급을 늘릴 수 없는 현실 등을 감안해 볼 때, 고유가는 상당 기간 지속될 것으로 예상된다. 더불어 현재 벌어지고 있는 이란의 핵 프로그램을 둘러싼 국제사회의 갈등이 석유 분쟁으로 확대될 가능성도 배제할 수 없는 형편이다. 또 다른 단기 불안 요인은 미국 연방제도이사회의 금리 인상 기조와 보조를 맞춘 세계적인 긴축정책의 동조화 가능성이다. 최근 몇 년 동안 각국 중앙은행이 통화정책을 성공적으로 수행하여 기대 인플레이션이 비교적 잘 통제되고 있고, 세계 공장인 중국으로부터의 값싼 공산품이 쏟아져 나옴에 따라 세계는 유례없는 물가 안정기를 맞고 있다. 그러나 최근 인플레이션 조짐이 다시 서서히 나타나고 있고, 고유가에 따른 물가의 2차 파급효과도 완전히 배제할 수 없는 상황에서 이에 대응한 주요국들의 연속적인 동반 금리 인상 가능성이 세계 경제를 위협할 수 있는 단기 요인으로 자리 잡고 있다.

금리 인상이 예상보다 길게 이어지고 인상 기조가 범세계화 될 경우, 이는 전 세계적인 투자 감소와 소비둔화 등을 초래하게 될 것이다.

■ **구조적 불안요인: 세계 불균형**(Global Imbalance)

세계 경제의 구조적 불안요인은 2004년 봄 무렵부터 또다시 국제사회의 화두로 등장한 미국의 대규모 경상수지 적자와 여타 세계국 특히 아시아국가들의 흑자로 대변되는 세계 불균형으로 종합될 수 있다. 최근 석유 수출국들이 고유가 덕으로 아시아국가들을 능가하는 대규모 경상수지 흑자를 내면서 흑자국 대열에 동참함에 따라 종전

보다 세계 불균형 전선은 더욱 확대되는 모습이다. 특히 미국은 지난해 국내 총생산의 7%(약 8천억 달러)에 육박하는 사상 최대의 경상수지 적자를 기록한 것으로 추정된다. 이러한 적자는 세계 금융자금 흐름의 70%를 미국으로 끌어들여 옴으로써 간신히 메꾸어지고 있는 실정이다. 세계 불균형은 과잉 투자가 불러온 일련의 경제위기, 즉 일본의 자산버블 붕괴, 아시아 및 중남미의 위기와 최근의 IT버블 붕괴에 뿌리를 두고 있는 것으로 해석되고 있다.

간단히 말해 세계 불균형은 아시아 국가에서의 투자 부진과 미국의 소비 활황으로 요약될 수 있다. 위기를 겪은 후 신중하고 보수화된 아시아 국가들이 무역거래를 통해 벌어들인 자금을 제대로 투자로 연결시키지 못하고 있는 가운데, 미국에서는 저금리와 확장적 재정정책 등으로 소비가 지나치게 늘어났기 때문이라는 것이다. 문제의 심각성은 이러한 세계적 불균형이 불안정한 환율변동에 따라 급격한 금융시장 혼란으로 이어져 결국 세계적인 경기침체로 귀결될 가능성이 있다는 데 있다.

■ 국제경제 흐름을 예의주시해야 할 필요

국제통화기금(IMF)은 세계 불균형이 전 세계적인 현상이므로 이해 당사국들의 쌍방에 대한 책임 전가로서는 해결될 수 없다고 진단하고, 국제사회 모두의 공동책임의식과 협력적인 정책 공조를 요구하고 있다. 이는 미국의 재정적자 축소, 일본과 유럽의 구조개혁 추진, 아시국가들의 환율 신축성 확대(특히 중국과 일본의 통화가치 상승) 및 석유수출국들의 수요증대 등으로 요약된다. 이러한 가운데 지난 2월 2일 미 재무부 국제담당 차관 팀 애덤스는 전 세계 환율문제에 대한 IMF의 보다 강력한 역할 제고를 촉구하고 나섰다.

한편 지난해 12월 워싱턴 소재 국제경제연구소(IIE)는 인위적인 통화가치 조정(미국 달러 가치 하락과 일본 독일 등 선진 4개국의 화폐가치 상승)을 초래한 1985년의 플라자합의가 또다시 필요한 상황이라며 신흥국들을 포함한 20개국(G20)이 참여하는 제2의 플라자 합의 필요성을 역설하는 보고서를 발표하기도 했다. 이 보고서에 따르면 한국도 19% 추가 원화 가치 상승이 필요하다고 진단되고 있다. 자국의 이익을 위해서라면 적과 동지의 구분이 없는 냉엄한 국제경제사회의 움직임을 몸소 지켜보면서 세계 경제 흐름에 대한 이해가 얼마나 중요하며, 또 이러한 국제사회의 움직임이 어떠한 상황으로 전개되어 질지 예의 주시하고 대비하는 일이 국익 차원에서 얼마나 절실한지를 새삼 깨닫게 된다.

[오종남의 워싱턴 편지] (2006.2.7.)

시장 경제 체제와 정부의 역할

■ 세계 3대 불가사의(?)

한때 이재(理財)에 밝고 상술이 좋은 중국인과 사회경제적으로 평등의식이 강한 우리나라 사람을 빗대어 '중국의 사회주의 체제와 한국의 자본주의 체제는 세계 3대 불가사의 중의 하나다'라는 우스갯소리가 있었다. 최근 미 메릴랜드대학이 여론조사기관인 글로브스캔(Globe Scan)과 공동으로 전 세계 20개국 2만여 명을 상대로 자유시장 경제체제에 대한 선호도를 조사한 결과, 중국이 1위를 차지했다는 언론 보도는 중국인의 잠재적 시장경제 의식을 꼬집은 이 같은 농담이 아주 허황된 얘기만은 아니겠다는 생각을 갖게 한다.

2005년 6~8월 실시되었던 이 조사 결과에 따르면, 자유기업 체제와 자유시장 경제가 세계의 장래를 이끌어 갈 가장 좋은 시스템인지를 묻는 질문에 중국인의 74%가 '그렇다'고 응답했고, 필리핀(73%), 미국(71%), 한국과 인도(70%), 영국(66%), 독일(65%)이 그 뒤를 이었다고 한다.

사실 이 같은 결과는 그 조사과정을 자세히 살펴보면, 중국의 설문조사 대상자들의 경우 모두 베이징 · 상하이 · 광저우를 포함한 9개 도시지역, 그것도 전화 사용이 용이한 사람들에 국한되어 얻어진 결과이기 때문에 조사의 신뢰성이 다소 떨어져 보인다. 하지만 사회주의 성향의 정당이 집권하는 대부분의 유럽 국가들이 자유시장 경제에 대한 낮은 선호도를 보이고 있는 것과 비교해 볼 때, 오늘날 중국인들의 시장경제체제에 대한 선호도가 어느 정도인지를 명시적으로 짐작하게 한다는 점에서 이 조사의 의의를 찾을 수 있다.

■ 시장경제와 계획경제

자본주의 경제를 시장경제라고도 부르는 이유는, 기본적인 경제활동인 생산 · 분배 · 소비가 원칙적으로 시장에서 이뤄지기 때문이다. 이러한 시장경제하에서는 정부의 계획이나 통제 없이도, 서로 다른 경제 주체들의 이익 극대화 추구 활동이 시장의 가격을 통해 사회 전체적으로 가장 효율적인 생산과 소비를 이루어 낸다.

사람들의 합리적이고 경제적인 사고가 바로 아담 스미스의 '보이지 않는 손'의 역할을 하여 시장의 효율성을 돕기 때문에, 원칙적으로 시장경제하에서는 정부가 간섭하지 않아도 시장 원리에 경제를 맡겨 놓고 이에 충실히 따르는 한 경제 발전은 이뤄진다고 본다.

한편, 공산주의 경제를 통제 경제 또는 계획 경제라고 하는 이유는 정부가 경제활동을 어떻게 하는 것이 가장 효율적이고 바람직할까를 미리 판단해 생산 · 분배 · 소비를 결정하고 시행하기 때문이다. 이러한 정부의 판단과 결정이 항상 잘 들어맞는다면야 더없이 좋은 일이겠지만, 이는 현실적으로 거의 불가능한 일이다.

세계 제2차 대전이 끝난 이후 구소련이 무너질 때까지 지구상의 모든 나라는 두 경제 체제 중의 하나를 선택해 정치 · 경제 · 군사의 모든 면에서 치열하게 대립하고 경쟁해 왔다. 체제와 이념을 둘러싼 동서진영의 이 같은 양극적 체제 경쟁은 결국 시장경제의 승리로 종결되어 현재 동유럽 국가는 물론, 헌법상 사회주의를 유지하고 있는 중국과 같은 나라조차도 불완전하나마 경제체제는 실상 시장경제체제로 이행되고 있는 실정이다.

■ 시장은 실패한다

시장경제 체제가 계획경제 체제에 승리했다고 해서, 결점이 없는 것은 당연히 아니다. 시장이 제대로 작동하지 못해 사회 경제적으로 좋지 않은 결과를 가져오는 경우도 있고, 시장이 제대로 기능함에도 불구하고 시장에서는 해결할 수 없는 태생적 한계로 인해 시장의 실패를 초래하는 경우도 있다. 무엇보다 경제학의 이론적 기초가 되는 '시장'의 정의에 딱 들어맞는, 무수히 많은 사람이 모두 완전한 정보를 갖고 동질의 상품을 팔거나 사려고 하며, 거래비용이 거의 없는 그러한 완전경쟁 시장은 현실 세계에 존재하지 않는다.

실제 시장에서는 독과점이 존재한다. 독과점이라고 하면 언뜻 대재벌을 연상하기 쉽지만, 사실 독과점의 원인은 다양하다. 기술의 진보를 촉진하기 위해 국가가 발명 등에 대해서는 독점적으로 생산, 판매할 수 있도록 특허권 등을 부여하므로 특허권을 가진 사람이나 기업은 법적으로 독점권을 부여받는 셈이다.

특정 지역에서만 제한적으로 생산되는 재료로 만들어지는 상품이 있다면 이 또한 자연적으로 독점이 된다. 어떤 경우에는 시장의 크기가 너무 작아서 단 하나의 공급자만으로도 수요를 모두 충족시킬 수 있기에 독점이 되는 경우도 있다. 한 아파트 단지에 두 개의 비디오 대여점이 성공하기 어려운 것과 같은 이치라고 할까? 공급뿐만이 아니라 수요가 독점인 경우도 있으니, 일례로 소방차를 정부가 아닌 누가 구입하겠는가? 시장이 이러한 독점, 또는 소수의 참가자만 존재하는 과점 상태가 되면, 다수가 경쟁하는 완전경쟁 시장에서와 같은 효율성은 보장되지 않고 독점이윤이 발생하게 된다.

한편, 독점도 없고 모든 시장이 경쟁적으로 잘 운영되고 있다고 해도 공공적 성격이 강한 재화의 경우, 시장경제 체제만으로는 사회적으로 바람직한 만큼 공급되는 것이 보장되지 못한다. 왜냐하면 시장에서 그 대가를 지불하지 않는 사람들도 소위 외부경제효과(externality)에 의해 그 효용을 누릴 수 있는 경우라면, 비용을 부담하지 않고 효용만 누리고자 하는 무임승차자들이 많아지기 때문이다. 집 앞의 가로등의 혜택은 그 길을 지나다니는 모든 사람이 누리게 되는데, 집주인만이 그 설치비와 전기료를 전적으로 부담해야 한다면, 과연 얼마나 많은 사람이 자기 집 앞에 가로등을 설치하려고 할 것인가?

■ 시장경제 체제하에서 정부개입의 근거

시장경제체제가 이러한 여러 가지 요인으로 인해 가장 효율적인 생산과 소비의 균형을 달성하는 데 실패하는 것을 '시장의 실패'라고 한다. 오늘날 시장경제 체제하에서 정부 역할의 필요는 생산과 소비라는 측면에서 볼 때 이러한 시장의 실패 속에서 찾아질 수 있으며, 또 다른 중요한 정부 개입의 근거는 현대 복지국가 개념하에서 생산과 소비가 창출해 낸 소득의 분배라는 측면에서도 찾아질 수 있다.

순수 시장경제 체제는 창의성을 갖고 성실하게 노력한 개인 또는 기업에 대해서는 소득으로 보상하지만, 경쟁에 진 자에 대해서는 전혀 배려가 없다. 이는 경제 주체들의 경제적 성공에 대한 강한 동기부여로 작용하여 사회적으로 볼 때 경제의 효율적 운영을 담보하는 장치가 되기도 하지만, 이로 인한 빈부격차가 극심해질 경우, 시장경제는 물론 사회 전체의 생존을 위협할 수 있는 요소로 작용할 수 있기 때문에 정부의 개입이 필요하게 된다.

시장의 생산 · 소비 · 분배 측면에서 본 정부의 시장 개입근거는 우리나라 헌법에서도 찾아볼 수 있는바, "대한민국의 경제 질서는 개인과 기업의 자유와 창의를 존중함을 기본으로 한다"는 우리의 자유시장경제 체제에 대한 규정에 관한 헌법 제119조, 제1항에 이은 동조 제2항이 바로 그것이다. 이 항은 "국가는 균형 있는 국민경제의 성장 및 안정과 적정한 소득의 분배를 유지하고 시장의 지배와 경제력의 남용을 방지하여 경제주체 간의 조화를 통한 경제의 민주화를 위하여 경제에 관한 규제와 조종을 할 수 있다"고 명시하고 있는데, 이는 다시 말해 정부가 국민경제의 성장과 안정이라는 '효율성'과 함께 적정한 소득 분배라는 '민주성'까지도 동시에 잘 추구하기 위해서는 적절한 시장 개입을 할 수 있음을 천명하는 것이다.

■ 정부도 실패한다

문제는 시장이 실패하듯 정부도 실패할 수 있다는 데 있다. 정부는 기본적으로 개인이나 기업이 경제활동을 할 수 있도록 법과 제도를 만들고 그 이행을 감시한다. 운동경기에 비유하면, 경기장을 만들고 심판도 본다. 그 비용은 세금을 걷어서 충당한다. 하지만 오늘날 대부분의 정부는 이러한 시스템 유지적 기능만 수행하지 않는다. 시장경제화 체제에서 정부의 실패는 대부분 경제 정책의 수립과 이의 시행과정에서 비롯된다.

케인즈의 유효수요 이론이 1930년대 미국의 대공황을 타개하는 데 있어 유효한 처방을 제공한 이래, 현대 정부는 호황과 불황의 진폭을 최대한 줄이기 위해 경기와 반대되는 방향의 정책을 종종 시행한다. 즉, 호황기에는 경기가 과열되지 않도록 진정시키는 정책을 쓰고,

불황기에는 경기가 조속히 회복될 수 있도록 노력하는 것이다. 그런데 이 같은 정책을 수립하고 시행하는 과정에는 여러 가지 한계가 있으니 정확한 정보의 결여, 정책 결정 과정의 복잡성, 정책효과의 시차 등과 같은 다양한 이유로 정부의 정책은 실패를 경험하기도 한다.

이러한 기술적 한계 이외에도 변화하는 경제 흐름에 발맞추기 위해서는 고도의 정책적 판단이 요구되는바, 정책결정자들의 한순간의 판단 실수가 시장경제하의 정부 실패를 가져오기도 한다. 외견상 여전히 불황기인 듯 보이나 사실은 경기가 저점을 통과하여 호황기로 전환된 경우에도, 정부의 정책이 여전히 팽창적인 정책을 계속 집행하여 오히려 경기를 지나치게 과열시키는 경우가 바로 그러한 예이다.

■ 정책당국자의 차가운 머리와 따뜻한 가슴

경제학 교과서에 기술되어 있는 경제의 기본 원리는 단순할수록 명쾌하게 느껴진다. 이는 좋은 이론의 특성을 반영하는 것이기도 하다. 하지만 정부의 경제 정책은 현실 세계를 반영해야 하는 그 속성상 다양한 정치, 경제, 사회, 문화적 요인이 충돌하는 가운데 결정되고 집행될 수밖에 없으니, 이는 마치 오케스트라를 지휘하는 것과 비슷하다 할 것이다. 같은 음악이 지휘자의 해석에 따라 다르게 연주되고 느껴지는 것처럼, 사실 모든 정책의 이면에는 정책결정자의 고뇌와 가치판단이 스며들기 마련이다.

'경제학의 원리'라는 저술로 신고전학파 경제학의 토대를 쌓은 영국의 알프레드 마샬은 그의 켐브리지 대학교수 취임 연설에서 '차가운 머리'와 '따뜻한 가슴'을 가진 경제학도를 길러내는 데 신명을 바치겠다고 다짐했다. 오늘날 현대 시장경제 체제에서 생산 · 소비의 '효율성'과 분배의 '민주성'이라는 두 마리 토끼를 쫓기 위한 정부의 역할은 불가피하게 느껴진다. 그렇다면 남겨진 과제는 이를 수행하는 정책당국자들이 '차가운 머리'와 '따뜻한 가슴'의 조합 비율을 적절하게 정함으로써 바람직한 체온을 유지하는 일이라 할 것이다.

[오종남의 워싱턴 편지] (2006.2.24.)

세상에 공짜 점심은 없다

70년대 말까지만 해도 우리네 시골에서 가장 큰 자랑거리는 집안 살림을 꾸려 나가기 위해 허리가 휘도록 일하는 사람이 아니라 도시에서 학교 다니며 공부하는 장남이었다. 가계(家計)에 직접적인 도움을 주지는 못하지만 어려운 시절 가족들의 힘든 하루하루를 버텨낼 수 있게 하는 힘, 즉 희망을 주는 존재였기 때문이다.

자녀는 많은데 이 아이들을 모두 뒷바라지할 수 있는 경제적 여건이 안 되는 상황에서 그 시절 부모들이 선택할 수 있는 최선의 방책은 장남 하나만이라도 잘 교육시켜 그에게 가족의 미래를 이끌어 갈 견인차 역할을 맡기는 것이었다. 일단 이 장남이 학교를 무사히 졸업하고 좋은 직장에 취직하기만 하면 그 후부터는 큰 어려움 없이 시골에 있던 동생들도 하나씩 도시로 나가 그를 믿고 의지하며 각자 삶의 방편을 마련할 수 있었다.

어려운 시절 가족의 생존전략에 관한 이 '장남 · 동생' 논리는 국가 단위로 그 논의 수준을 확장 시켜볼 수 있다.

■ '장남 · 동생' 생존전략

먹고 살기 힘든 나라, 소위 후진국을 어떻게 효과적으로 개발해야 하는가에 대한 문제를 다루는 것이 바로 경제개발 이론이다. 이는 크게 넉시(Nurkse)로 대표되는 '균형 성장론'과 허쉬먼(Hirschman)으로 대표되는 '불균형 성장론'으로 나누어진다. 해당국의 경제 발전을 위해서는 모든 산업을 동시에 '균형' 있게 개발해야 한다고 보는 '균형 성장론'과는 달리, '불균형 성장론'은 앞서 우리의 '장남 · 동생'의 예에서처럼, '장남'에 해당하는 전략산업을 선택해 이에 집중 투자함으로써, 향후 '동생'이라고 볼 수 있는 타 산업의 발전을 유도해야 한다고 주장하는 이론이다.

우리나라가 1962년 이후 채택한 경제개발 전략은 바로 이 '불균형 성장' 이론에 근거한 것으로, 정부는 공업화를 바탕으로 전략산업으로서의 '장남' 산업을 선택해 이에 집중투자한 후 그 산업이 타 산업의 발전을 이끌 수 있게 함으로써 국가 경제를 발전시키는 전략을 써 온 셈이다.

■ 우리나라 고속 성장의 역사

한강의 기적으로도 종종 표현되는 우리나라 고속성장의 역사는 굶주림의 보릿고개를 넘어 하루 세끼 끼니 걱정을 할 필요가 없는 세상을 만들기 위한 국민들의 절실한 소망으로부터 시작됐다.

경제개발 5개년 계획을 준비하던 1961년에 우리나라 1인당 국민소득은 82달러였다. 그 당시 원 · 달러 환율에 따른 상대적 통화가치를 고려한다 치더라도, 한 사람이 평균 82달러를 가지고 1년을 살았다는 건 결국 1달러로 나흘 반 동안의 의식주 생활을 해결하고, 더해 미래를 위한 저축과 투자까지 하며 살았다는 이야기가 된다. 그로부터 십여 년이 지난 1973년에야 우리나라는 비로소 1인당 국민소득이 400달러에 도달하여 유엔이 정한 빈곤선(Poverty Line), 즉 하루 1달러 연간 365달러를 넘어서게 되었다. 단군 이래 처음으로 하루 세끼 밥 먹고 사는 것이 가능하게 된 때이다.

이후 국가 경제 발전에 따른 우리의 1인당 국민소득은 1977년 1,000달러를 넘어 2005년에는 1만6,000달러에 이르게 됐으며, 경제 전체 규모로 보면 2004년, 2005년 연속 세계 10위권을 유지한 것으로 추정되어, 현재 한국은 세계 경제 속에 그 위상을 떨치고 있다. 우리의 '불균형 성장' 전략은 적중했으며 대성공을 거둔 것으로 두루 평가된다. 심지어 오늘날의 개발도상국들이 본받고 싶어 하는 발전모형으로까지 널리 활용되고 있는 실정이다.

■ 압축성장과 격차 문제

그러나 '세상에 공짜 점심은 없다(There's no such thing as a free lunch)'고 했던가. 노벨 경제학상 수상자인 밀튼 프리드만 교수로 인해 더 유명해진 이 말에서도 쉽게 짐작할 수 있듯이, 우리의 고속 압축성장의 이면에는 많은 문제점도 함께 묻어 왔음을 보게 된다.

경제적 부를 더 많이 누리는 사람과 그렇지 못한 사람, 돈과 사람이 몰려 외관상의 발전은 있되 여유가 없는 도시, 이러한 도시에 밀려 한평생 고생을 하고도 느는 건 빚뿐인 우리의 낙후된 농촌, 대기업이 중심이 된 수출산업과 영세한 중소기업 위주의 내수기반 산업 등 사회 각 부문에 널린 격차 문제가 바로 그것이다.

최근 1인당 국민소득 2만 달러 시대를 열기 위한 각계의 논의가 활발히 진행되고 있는 가운데, 지난달 중순 한국개발연구원(KDI)과 미국 하버드대가 1980년대 후반 이후 한국 경제사를 중심으로 한 정치 · 사회 · 문화사 전반에 대해 향후 3년간 심층적인 공동연구를 하게 되었다는 보도가 있었다.

앞서 이루어진 이들의 한국 경제 근대화 과정에 대한 연구 보고서들이 학계에서 높은 사료적 가치를 인정받고 있는 사실을 감안해 볼 때, 이번 후속 연구 또한 그간 한국의 고속 압축 성장이 사회 전반에 어떤 영향을 끼쳐왔는지를 객관적으로 보여 줄 수 있을 것이란 점에서 기대를 갖게 한다.

소득수준 향상을 위한 사회 각층의 실질적인 논의와 함께 학계의 이 같은 심도 깊은 연구를 통해 우리 모두 지난 반세기 동안 한국 경제가 발전을 위해 걸어온 길을 차분히 되짚어 보고, 그 속에서 압축성장과 격차라는 문제를 다각적으로 더 잘 이해할 수 있다면, 이는 문제해결의 첫 단추를 제대로 끼우는 일이 될 것이다.

■ 지속가능한 성장 위해 지혜 모을 때

세월이 흐르면서 가까운 가족 간에도 때로는 서로의 기대치가 어긋나 상호 간에 골이 깊어져 서로를 질시하고 반목하는 일이 생기기도 한다. 하물며 국가적으로 볼 때 개인과 집단 간의 질시와 반목은 이들을 갈라놓을 수밖에 없는 수많은 다양한 외부적 환경으로 인해 더 잦을 수밖에 없어 보인다.

성공 · 발전과 행복이라는 두 마리 토끼를 잡는 일은 개인으로 보나 국가적으로 보나 결코 쉬운 일이 아니다. 그러나 그 어떤 복잡해 보이는 사회적 문제도 결국은 사람들로부터 나오는, 즉 사람들 간의 문제라는 간단한 사실을 상기한다면, 해결의 실마리도 종국엔 사람 안에서부터 찾아질 수 있다. 이는 압축성장과 함께 묻어온 우리 사회의 격차 문제를 해결하는 데 있어서도 그 전제가 대화와 이해, 그리고 양보의 미덕이 될 수밖에 없는 이유이기도 하다.

격차문제 해결을 위한 부단한 노력과 함께 간과해서는 안 될 것이 바로 우리의 지속적이고도 가능한 성장에 관한 문제이다. 어떻게 하면 압축성장 과정에서 생긴 격차라는 문제를 현명하게 해결하면서 선진국을 향한 발걸음을 늦추지 않을 수 있을까?

우리는 '지속가능한 성장'에서 그 해답을 찾을 수 있다. 현재 우리의 경제 전체 규모가 세계 10위권이라 한들 아직 한국의 1인당 국민소득은 중진국권에 머물러 있는 실정이며, 시시각각 변화해 가는 세계정세와 주변 아시아국들의 급부상은 왜 우리가 아직 성장을 늦출 수 없는지를 잘 보여준다.

지난 우리의 '불균형 성장' 전략이 대외 지향적이었다면, 이제 새로운 한국의 경제 · 사회 발전 전략은 안과 밖을 모두 포괄할 수 있는 '지속가능한 성장'에 바탕을 두어야 할 것이다. 정부는 '지속가능한 성장'에 대한 확고한 국가 비전과 함께, 사회 제반에 걸친 격차문제들의 간격을 좁혀나가기 위해 미시 · 거시적 안목에서의 균형 잡힌 정책적 방안들을 내놓는 일에 더욱 고심해야 할 것이다. 개개인과 집단 역시 오늘날의 범국민적 염원이라 할 수 있는 소득 수준 향상과 사회 격차 문제의 해결을 위해서는 절제된 대화, 상호 간의 이해, 한 발짝씩 움직일 수 있는 양보의 미덕을 십분 발휘할 수 있어야 할 것이다.

지속적인 국가 발전을 위해 우리 모두가 냉철한 머리와 따뜻한 가슴으로 지혜를 모을 때이다.

[오종남의 워싱턴 편지] (2006.3.10.)

모닝커피와 폭탄으로 아침을

"모닝커피와 폭탄으로 아침을"
파산 위기 모면한 미국의 '재정적자 정치'

■ 사라진 노란 리본

'그 오래된 떡갈나무에 노란 리본을 매달아주오(Tie a Yellow Ribbon Round the Ole Oak Tree).'

어디선가 들어봄 직한 이 드라마 대사 같은 말은 73년 세계적으로 유행했던 팝송의 제목이다. 3년간 복역한 죄수가 석방되던 날, 그의 아내가 마을 광장 한가운데 있는 떡갈나무에 백 개의 노란 리본을 매어놓고 기다렸다는 가사가 미국 조지아주 화이트 오크시에서 있었던 실화를 바탕으로 한 것으로 알려지면서 더 유명해진 노래이기도 하다.

이후 노란 리본은 미국에서뿐만 아니라 전 세계적으로도 가족 · 친구 · 연인, 심지어 지도자에 대한 변하지 않는 마음을 표현하는 하나의 상징물이 되었다. 실제 1981년 1월 20일, 이란에서 444일간 인질로 억류되었던 52명의 미국인이 석방되었을 때, 미 전역에는 끊임없는 노란 리본의 물결이 일었다고 한다.

필자가 국제통화기금(IMF) 이사로 부임한 것은 2004년 가을이었다. 당시 워싱턴 일대에서 차를 타고 다니면, 상당수의 차들이 차량 뒷면에 노란 리본 스티커를 붙이고 다니는 것을 쉽게 볼 수 있었다.

노란 리본 위에는 'Support Our Troops(파병 지지)'라는 문구가 씌어 있었는데, 이는 민간단체들이 이라크전 파병 군인의 가족들을 돕기 위한 기금 마련을 위해 판매한 스티커였다. 2003년 3월 이라크전 개전 직후만 해도 미 국민의 부시 대통령에 대한 지지도는 70%를 넘었다.

지난해 11월 부시 대통령에 대한 지지도는 사상 최저기록이라는 34%대로 떨어졌다. 최근의 여론 조사결과를 봐도 그에 대한 미 국민의 지지도는 여전히 35%에서 37% 사이(오차범위±3%)를 맴돌 뿐 전혀 나아지지 않고 있는 상황이다.

그래서인지 요즘 워싱턴 일대에 노란 리본 스티커를 붙이고 다니는 차량은 거의 눈에 띄지 않는다. 한때 미 국민들이 차에 붙이고 다니던 노란 리본 스티커는 단순히 이라크전에서의 승리에 대한 염원일 뿐 아니라, 부시 대통령에 대한 지지의 표시이기도 했던 것일까

■ 눈덩이처럼 불어나는 미국의 재정 적자

부시 대통령에 대한 지지율이 사상 최저로 떨어지는 것과는 반대로, 미국 정부의 재정수지 적자는 사상 최대 기록을 경신하고 있다. 재정수지 적자란 쉽게 말해, 정부가 세금으로 거둬들이는 돈(재정수입)보다 예산으로 나가는 돈(재정지출)이 더 많기 때문에 생기는 적자이다.

지난 몇 년간 미국의 재정적자 규모 추이를 살펴보면, 2002년 1,580억 달러였던 것이 이라크전이 시작된 2003년에 3,740억 달러로 급증하여 2004년에는 무려 4,130억 달러에 이르렀다.

이 같은 미국의 재정적자는 2005년 한 해 미 정부의 축소 노력에 힘입어 전년 대비 1,000억 달러 가까이 줄어든 3,180억 달러로 마감되었다. 올해의 경우 이라크 전비와 의료보장 지출, 자연재해 카트리나 복구비용 등을 고려해 볼 때 이 적자는 4,230억 달러까지 늘어날 것으로 추정된다. 이는 현재 원 · 달러 환율로 환산 시 대략 400조 원이 넘는 금액에 해당되는 것이며, 미국의 연간 총생산량(GDP) 12조 달러(3억 인구에 1인당 4만 달러 내외)의 3.5%에 달하는 수준이다.

아무리 미국이 세계 제일의 부자 나라라고 하지만, 매년 이렇게 많은 적자를 내면서 어떻게 나라 살림을 꾸려갈 수 있을까 하는 의문이 드는 것은 당연하다. 정부가 재정 적자를 메우는 방법에는 여러 가지가 있을 수 있는데, 미국의 경우에는 주로 재무성이 국채(Treasury Bond)를 발행해서 돈을 조달한다. 이는 마치 회사가 회사채를 발행하여 필요한 자금을 조달하는 것과 비슷하다.

그러면 누가 이 국채를 사는가? 미국 정부가 절대로 파산할 리가 없다고 믿는 전 세계의 정부, 공공기관, 민간투자기관들이 산다. 정확한 내역은 공개되지 않으나 일본, 중국, 그리고 우리나라를 비롯한 아시아 대부분의 국가들이 외환보유고의 상당 부분을 미 국채에 투자하고 있다고 보는 것이 정설이다. 미 국채에 대한 투자가 현재까지는 세계에서 가장 안전한 투자수단으로 여겨지기 때문이다.

그렇다면 미국 행정부(재무성)는 마음대로 국채를 발행할 수 있는가? 당연히 아니다. 국채를 발행한다는 것은 국가가 빚을 진다는 것을 의미하므로, 미 의회는 행정부가 발행할 수 있는 국채의 한도를 법률로 정해준다. 이를 법정 차입 한도(statutory debt limit)라고 한다.

3월 13일 기준 미 행정부의 차입 한도는 8조1,840억 달러였고, 실제 발행한 잔액 또한 거의 소진되어 불과 1억 달러 미만을 남겨 놓은 상태였다. 이는 미국 인구 3억 기준으로 볼 때 국민 1인당 2만7,000달러(약 2,500만 원) 정도의 국가 빚이 있는 셈이고, 4인 가족이 한 가구를 이룬다고 가정하면 가구당 국가 채무가 1억 원이 넘는 셈이다.

미 행정부는 이라크전 등으로 인해 재정 적자가 계속 늘어나자 차입 한도를 7,810억 달러 증액하는 '재정 부채한도 상향 조정법안'을 이미 지난해 의회에 제출했다. 이 법안은 하원은 통과하였으나, 상원에서는 민주당 의원들이 차입 한도 증액에 상응하는 예산의 절감을 요구하며 반대해 통과하지 못한 채 지연되었다.

여기에 여당인 공화당 의원들까지 일부 가세하여 법안의 통과가 아주 불투명한 상태에서, 그동안 공무원 연금과 환율안정기금(The Exchange Stabilization Fund) 등 동원 가능한 자금은 모두 끌어들여 쓴 미 정부는 사실상 차입 한도의 증액이 이뤄지지 않을 경우 3월 24일경 한도를 초과하는 사상 초유의 국가 일부 부도 사태가 벌어질지도 모르는 상황에 놓이게 되었다.

■ 빚을 내서라도 흥청망청(?)

국채의 만기가 돌아오면 미 재무성은 국채 보유자의 의사에 따라 이를 새로운 국채로 바꿔주거나(차환 발행) 현금으로 결제해야 한다. 차입 한도가 모두 소진되면 어떻게 되는가?

상원 재정위원장인 공화당의 챨스 그라슬리 의원의 말을 빌리면, "차입 한도가 증액되지 않는다면 정부가 선택할 수 있는 대안은 두 가지뿐이다. 법률을 위반하면서 국채를 발행하거나, 아니면 일반 대중의 신뢰를 저버리면서 부도를 내는 것이다."

3월 25일부터 미 상원이 춘계 휴가에 들어가므로 그 전에 차입 한도 증액 법안을 꼭 통과시켜야만 하는 존스노 미 재무장관은 해외 출장도 취소한 채 몇 주간 의원 회관에 살다시피 하면서 의원들을 개별

접촉하여 법안의 통과를 호소하였다.

그 결과 지난 3월 16일, 미 정부의 채무부담 한도를 7,810억 달러 증액하는 법안이 찬성 52명, 반대 48명으로 가까스로 상원을 통과하게 되었다. 현재 미 상원의 정당별 의석분포는 공화당 55석, 민주당 44석, 무소속 1석이다. 여당인 공화당에서조차 반대표가 나왔음을 알 수 있다.

한편 3월 16일 미 의회에서 의결된 법안은 차입 한도 증액안 만이 아니었다. 오전에 상원에서 정부의 차입 한도가 7,810억 달러 증액된 바로 그 날 오후, 하원에서는 이틀간의 토론 끝에 다른 부문의 예산 삭감은 없이 920억 달러를 이라크 전비와 카트리나 구호비용에 지출하는 내용의 예산수정안을 통과시켰다.

다음날 워싱턴포스트지는 이같은 미 상 · 하원의 정치적 행태를 빗대어, "신용카드의 한도를 증액시킨 그날 흥청망청 사재기한 것과 같은 꼴"이라고 비난했다.(It was the political equivalent of going on a shopping spree the same day you get a credit–line increase on your over– the–limit card.)

■ 모닝커피와 폭탄

미국인의 아침은 모닝커피와 CNN 뉴스로 시작된다고 한다. 그런데 요즘에는 모닝커피와 폭탄으로 시작된다는 우스갯소리가 있다. 왜냐하면, 거의 매일 아침 헤드라인 뉴스가 "어제 이라크 바그다드 외곽의 한 검문소에서 강력한 차량 폭탄이 폭발하여 00명의 미군 병사와 신원을 알 수 없는 00명의 이라크인이 죽었다"로 시작되기 때문이다.

아직도 FOX와 CNN은 '이라크전'이라는 표현을 쓰고 있으나, NBC와 대다수의 신문들이 '이라크 침공'이라는 표현을 쓴 지는 이미 오래되었다.

이라크전을 시작하기 직전, 부시 행정부는 이라크전의 총비용은 1,000억 달러에 못 미칠 것이라고 예측하였다. 그러나 아직도 이 수치를 믿고 있는 미국인은 많지 않다. 하버드대학교의 린다 빌름즈와 노벨 경제학상 수상자인 조셉 스티글리츠는 공저인 '이라크전의 경제적 비용(The Economic Costs of The IRAQ WAR, 2006)'에서 2005년 11월까지 미국이 지출한 이라크 전비를 2,510억 달러에 달하는 것으로 추정하고 있다.

빌름즈와 스티글리츠는 만약 미국이 2010년까지 이라크에서 완전히 철군하지 않을 경우 이라크전 총비용은 1조 달러를 넘을 가능성이 있다고 주장한다. 원화로 환산하면 천조 원에 달하는 금액이다. '천문학적 액수'란 이럴 때 쓰는 말이 아니겠는가?

여기에 이제까지 이라크전에서 죽어간 2,200여 명의 미군 병사들과 그 보다 훨씬 더 많은 이라크인들의 생명의 가치를 고려해 보면 이 전쟁이 얼마나 큰 비용을 치르고 있는지는 가히 상상하기조차 어렵다.

빌름즈와 스티글리츠의 이라크 전비 추정에 관한 이 같은 연구결과와 상징적이기는 하나 국가 채무 불이행을 초래했을지도 모르는 미국의 '재정 부채한도 상향조정법안'을 둘러싼 일련의 문제 해결 과정들은 모두 미국의 재정 적자문제가 단순히 경제 문제, 소위 세계 경제의 불균형 문제만이 아님을 보여 준다.

미국 납세자들의 혈세는 물론이요, 전 세계 근로자들이 열심히 일하고 수출해서 번 돈이 각국의 외환보유고를 쌓는 과정에서 미 국채의 매입을 통해 다시 미 정부로 흡수된 후, 이 가운데 상당 부분은 이라크와 아프가니스탄과 같은 전지에서 탱크의 기름값과 총포의 화연으로 묘연히 사라지고 있다.

유엔무역개발회의(UNCTAD) 보고서에 따르면 하루 1달러 미만의 수입으로 그날그날을 연명하고 있는 지구촌의 빈곤층이 3억 명을 넘는다고 한다. 이들 최저 개발국 국민들에게 우리는 이를 어떻게 설명할 수 있을 것인가?

[오종남의 워싱턴 편지] (2006.3.25.)

그 좋던 미제(Made in USA)는 다 어디에?

■ 세계 경제의 불균형… 국제적 논의, 현실, 그리고 대응

2001년 2월에 떠났다가 3년 7개월 만에 다시 돌아온 미국의 수도 워싱턴 DC 지역에 눈에 띄게 달라진 현상이 하나 있다면 바로 늘어난 교통 체증이다. 최근 몇 년 동안 워싱턴지역 경기 활황으로 이 지역으로의 이주가 크게 늘어났기 때문이라고 한다. 출퇴근 시간 교통 체증으로 인해 서서히 달리는 차 안에서 차량들의 긴 행렬을 바라보고 있노라면 미제 차는 상대적으로 줄어든 반면, 일제 차가 현저하게 늘어난 것이 느껴진다.

미국인들의 자존심의 상징이기도 한 미국 자동차 산업이 최근 들어 크게 흔들리고 있다. 1970년대 80%에 육박했던 지엠(GM), 포드(Ford), 크라이슬러(Chrysler) 등 미국 3대 자동차 회사들의 미국 내 자동차 시장 점유율이 지난 3월에는 55% 수준으로 떨어졌다. 40여 년 전만 하더라도 미국에서 팔리는 차 10대 중 9대가 디트로이트에서 만들어졌지만, 이제 미 대륙을 누비는 자동차 10대 중 4대 이상이 일본 · 독일 · 한국 등 외국 자동차 회사들에 의해 만들어지고 있는 실정이다.

이러한 미국 내 외제 잠식 현상은 비단 자동차뿐만 아니라, 여타 미국 일반 가정의 생활 곳곳에서도 쉽게 만날 수 있다. 미국인들이 입고 있는 중저가 의류는 말할 것도 없거니와 최근에는 컴퓨터 · 텔레비전 VCR, 완구 및 스포츠용품에 이르기까지 생활 전반에 중국 제품이 넘쳐나고 있다. 한때 고품질의 상징이던 미제는 다 어디로 가고 이제는 일상생활용품 중에서조차 찾아보기 힘들게 된 걸까?

■ 세계 경제 불균형의 현주소

가정에서 가계부에 수입과 지출을 적어 얼마나 돈을 벌고 썼는지 따져 보듯, 한 나라가 외국과 거래해서 얻는 수입과 지출을 기록하면 그것이 곧 그 나라의 국제수지(Balance of Payments)가 된다. 국제수지를 구성하는 국가의 대외거래에는 얼마나 다양한 내용들이 있겠는가? 논의의 편의상 간단히 정의해보면, 상품이나 서비스를 외국에 팔고 사는 경상거래와 기업 · 금융기관 등이 국경을 넘어 돈을 투자하거나 빌리고 빌려주는 자본거래로 나눠진다. 결국 이들이 벌어들인 돈과 내준 돈의 차액이 되는 경상수지와 자본수지가 국제수지를 구성하게 된다.

지난해 미국의 경상수지는 사상 최대의 적자를 기록하였다. 무려 8,049억 달러에 이르는 미국의 적자 규모는 지난해 우리나라 국내총생산(GDP) 7,875억 달러를 웃도는 수준이다. 미국은 1991년까지만 해도 소규모지만 경상수지에서 흑자를 내던 나라였다.

그러나 1992년 적자로 반전된 이후 매년 그 규모가 늘어남으로써 1999년부터는 장기적으로 지속 가능한 경상수지 적자 수준으로 일컬어지는 3%를 넘어섰으며, 지난해 경우는 6.4%에까지 이르게 되었다. 즉 적자 규모가 미국경제 스스로 위기 없이 감내할 만한 수준의 2배를 넘어서게 된 셈이다.

2005년 미국의 경상수지 적자 중 97% 이상이 상품의 수출입과 관련된 무역수지 적자(7,816억 달러)에서 비롯됐으며, 지역적으로 보면 주로 중국(2,016억 달러), 유럽연합(1,224억 달러), 석유수출국(927억 달러), 일본(827억 달러) 등과의 교역결과에 따른 적자였다. 미국의 대규모 경상수지 적자의 상대국으로 중국 · 일본 등 아시아 국가들이 흔히 지목되던 상황에서 최근에는 국제유가의 고공 행진으로 석유수출국들이 새롭게 추가되어 미국의 적자 대상국은 전 세계적으로 확대되고 있는 양상이다. 이것이 바로 세계 경제의 주요 위험요인으로 국제금융시장에서 거론되고 있는 미국의 무역적자를 둘러싼 세계 경제 불균형(global imbalances)의 현황이다.

■ 문제를 바라보는 엇갈린 시각

복잡해 보이는 세계 경제 불균형 문제는 크게 무역수지와 관련된 미국의 낮은 저축률 수준 문제, 미국의 무역수지 적자 지속 가능성 문제, 그리고 중국 위엔화 등 무역 흑자국 통화의 재평가 문제로 압축된다. 즉, 미국의 민간저축은 낮은 수준(GDP 15%)으로 이 낮은 저축수준이 무역수지 적자를 심화시킨다는 것과 현행 미국의 무역수지 적자의 규모와 증가 폭을 감안해 볼 때 무역수지 적자는 지속 가능성이 없고 따라서 축소될 필요가 있다는 점, 그리고 세계 경제의 불균형 해소를 위해서는 저평가된 중국 위엔화 등 흑자국 통화의 절상이 필요하다는 것이다.

이러한 통념에 반해, 세계 경제 불균형문제에 관한 활발한 논의를 펼치고 있는 하버드대 경제학과의 리차트 쿠퍼 교수는 그의 국제경제연구(IIE) 2005년 11월 정책보고서와 연초에 열린 WTO 사무국 초청 경제 세미나 등을 통해 세계 경제 불균형문제에 관한 상반된 시각을 표명해 주목을 받고 있다. 그에 의하면 정보·지식기반 경제하에서는 내구 소비재(가계), 교육(가계)과 R&D 지출(기업)을 저축에 포함시키는 것이 적절하며, 미국의 경우 이러한 세 가지 요소를 저축으로 포함할 경우 민간저축률 수준은 미래 소비를 떠받칠 정도로 충분히 견실하다(GDP의 34%)는 것이다.

또한 쿠퍼 교수는 미국의 무역수지 적자는 자본수지 흑자로 메꿔지고 있는 상황으로 당분간 지속 가능하다고 보고 있다. 그의 보고서에 따르면 일본, 독일의 무역수지 흑자(미국 무역수지 적자의 1/2 수준)는 고령화 등에 따른 초과저축에서 기인한 것으로 이러한 초과저축 자금이 미국 내 금융자산투자로 유입되고 있어 미국의 무역적자를 지속 가능하게 한다고 본다. 그는 또한 미국이 매력적인 금융시장을 유지하는 한 미국의 무역수지 적자가 지속될 수 있게 시장시스템이 작동할 것으로 보고 있다.

중국 위엔화 재평가 문제와 관련해 쿠퍼 교수는 중국 위엔화 재평가가 세계 경제 불균형을 완화시키기보다는 금융위기를 불러올 가능성이 크다고 주장한다. 중국의 무역수지 흑자 규모는 미국 무역적자의 10% 수준으로 위엔화 절상을 통한 세계 경제 불균형 시정 효과는 미미하다. 오히려 위엔화의 급격한 절상은 동아시아 국가로의 투기성 자금 유입을 촉발하여 금융 위기를 야기할 소지가 있을뿐더러, 더욱이 중국의 수출구조를 감안한다면 위엔화 절상이 초래하는 중국의 수출 감소가 전 세계적인 불황을 초래할 수도 있다고 본다.

■ **급격한 조정의 위험성**

미국의 사상 최대 경상수지 적자의 이면에는 대규모의 재정 적자, 지난 수년간 저금리에 따른 미국 주택시장의 활황과 관련된 활발한 민간소비가 자리 잡고 있다. 지난해 경상수지 적자의 약 40%는 미 연방정부의 국채발행 등으로 메꾸어진 것으로 추정되고 있다.

하지만 지난 3월 말 경 '재정 부채한도 상향조정법안'을 둘러싼 미국 의회 내의 갈등 등을 감안해 보면, 더 이상의 재정을 통한 적자보전이 용이하지 않을 것으로 보인다. 또한 최근 이미 조정 기미를 보이고 있는 미국 주택시장의 흐름을 고려할 경우, 주택가격의 상승에 따른 소비증대는 더 이상 기대하기 힘들게 되었다.

쿠퍼 교수의 주장대로 미국 경제의 견실한 성장세 전망, 금융시장의 성숙도 등으로 당분간은 국제금융 자본이 미국 달러화와 재정증권 · 회사채 등 금융자산을 여전히 매력적인 투자 대상으로 여길 수도 있다. 하지만 이러한 미국 금융시장에 대한 선호가 무한정 지속될 수는 없는 것인 만큼 어떤 형태이든지 간에 조정이 불가피해 보인다. 앞으로 문제의 관건은 예상되는 조정이 어떤 속도로 진행되느냐에 달려 있다고 하겠다.

실상 우리의 경각심을 불러일으키는 점은 지난해 미국 경상수지 적자의 75% 이상을 뒷받침해 준 것은 보수적인 것으로 평가되는 각국 중앙은행 등 국가기관들이 아니라, 투자유인에 따라 움직이는 국제 민간자본이라는 데 있다. 만일 미국 달러화와 금융자산에 대한 매력이 떨어져 국제 민간자본이 금융 자산구성을 일시에 달리한다고 가정할 경우 걷잡을 수 없는 사태로 발전할 수 있는 위험성이 내포되어 있는 것이다.

국제 민간자본이 달러화에 등을 돌리는 순간 달러화의 가치가 일시에 폭락할 것이며, 이에 따른 물가상승압력 증대에 대응해 정책당국이 큰 폭의 단기 금리 인상에 나설 경우 미국 경제는 단기간에 급격한 침체 국면으로 빠지게 될 것이다. 세계 경제의 28%(2005년 기준)를 점하고 있고 가장 중요한 시장인 미국 경제의 침체는 결국 세계 경제의 동반침체로 귀결될 수 있는 위험을 내포하고 있다.

■ 이해 당사국들의 입장

미국은 자국의 대규모 경상수지 적자의 이면에는 교역상대국의 인위적인 환율방어와 불공정한 수입 장벽 등에 있다고 진단하고 있다. 특히 중국에 대해서는 추가적인 환율 신축성 확대(위엔화의 화폐가치 상승)를 강력하게 요구하고 있으며 국제통화기금에 대해서도 전 세계 환율문제에 대해 보다 강력한 역할을 맡아줄 것을 촉구한 바 있다. 심지어 인위적인 대규모의 통화가치 조정(미국 달러화의 가치 하락과 여타 흑자국의 통화가치 상승)을 해서라도 이 문제를 해결해야 한다는 주장도 제기되고 있다.

그러나 중국을 비롯한 아시아국가들은 최근의 미국통화 가치 하락에도 불구하고 미국의 경상수지 적자가 개선되지 않고 있으므로 환율변화를 통한 문제 해결보다는 미국의 과도한 소비를 줄이는 노력과 함께 재정 긴축이 무엇보다도 필요하다고 주장하고 있다. 한편 유럽연합국가들은 미국의 경상수지 적자의 대부분은 미국과 아시아 국가들의 문제인 만큼 유럽국가들의 세계 경제 불균형에 대한 역할이 제한적일 수밖에 없으므로 유럽을 세계 불균형 문제에 개입시키는 것을 못마땅하게 여기고 있다.

■ 불균형 해소 협력적 정책 공조 시급

국제통화기금(IMF)은 세계 불균형이 2005년의 미국의 경상수지 거래 상황에서 살펴본 것처럼 전 세계적인 현상이므로 이해 당사국들의 상대방에 대한 책임 전가로는 해결될 수 없는 문제로 진단하고, 국제사회 모두의 공동 책임의식과 협력적인 정책공조를 강조하고 있다.

미국의 재정적자 축소, 일본과 유럽의 구조개혁 추진, 아시아 국가들의 환율 신축성 확대(특히 중국과 일본의 통화가치 상승) 및 석유수출국들의 수요 증대 등을 골자로 하는 정책권고안을 제시하고, 국제사회의 이해와 협조를 당부하고 있다. IMF의 계량분석모형에 따른 분석결과에 따르면, 국제사회 이해당사자 간 협력이 원만하게 착실히 진행될 경우 현재 6.4%에 달하고 있는 미국의 경상수지 적자규모는 2010년경 1.0% 이하로까지 줄어들 수 있는 것으로 분석된다.

이러한 노력의 일환으로 국제통화기금에서는 금년 봄 총회에 앞서 4월 21일 국제통화금융위원회(IMFC) 위원들과 세계 석학들을 모아 세계 경제 불균형문제에 대한 국제회의를 계획하고 있다. 모쪼록 이번 회의가 관련 주요국들의 정책당국자들이 솔직하고도 진지한 대화와 토론을 통해 세계 경제 불균형 문제 해결을 위한 실천적 대안을 내놓을 수 있는 계기가 되기를 간절히 기대해 본다.

[오종남의 워싱턴 편지] (2006.4.11.)

아시아에서 세 번째로 가난했던 나라 이야기

■ 한국의 IMF 가입 50년을 돌아보며

국제통화기금(IMF)이 발표하는 수많은 보고서들 가운데 가장 중요한 보고서로 꼽히는 세계 경제 전망 보고서(World Economic Outlook)의 2006년 4월 판이 발표되었다.

여기에는 세계 주요 국가의 금년도와 내년도 경제 전망치가 실려 있다. 이 책자에 의하면 올해 한국 경제는 5.5% 성장할 것으로 예측된다. 다른 나라의 이코노미스트들이 한국 경제의 정상 궤도 회귀를 축하하는 데 비해, 정작 우리나라에서의 반응은 신통치 않은 것 같다.

한국은 1953년부터 2004년까지 지난 50년간 연평균 성장률 6.9%를 기록하였고, 그간 마이너스 경제성장률을 보인 것은 56년 · 80년, 그리고 98년 세 번뿐이었다.

■ IMF 우등생 한국

한국을 지칭하는 여러 가지 표현 중에 'IMF 우등생'이라는 것이 있다. 세계 제2차 대전이 끝난 직후인 1945년 12월 설립되어 60년 동안 국제 경제, 금융 질서를 이끌어 온 IMF라는 기관의 우등생이라는 타이틀은 아무에게나 주어지는 것은 아니다. 그런데 이를 다른 시각에서 보면 한국 말고는 IMF가 지원한 나라 가운데 딱히 내세울 만한 성공 사례가 별로 없다는 뜻이 될 수도 있다. 그렇다면 한국의 성공을 과연 IMF의 공으로만 내세울 수 있을까? 여기에 우리 국민이 한 역할은 과연 어느 정도로 평가되어야 할까?

우리나라가 IMF에 가입한 것은 전국이 6 · 25전쟁의 상처에 아직 시달리던 1955년 8월 26일이었다. 58번째 IMF 회원국이 된 두 달 뒤, 4명의 IMF 이코노미스트들이 한국을 방문하여 약 한 달 동안 한국에 머물면서 경제부처 관련 공무원들을 포함한 주요 관계자들을 만나 한국 경제 현황 진단을 위한 협의를 하였다. 그로부터 다시 두 달 뒤인 1956년 1월 6일, 한국 경제에 대한 최초의 보고서(1955 Consultations Report, SM/56/3)가 IMF 이사회에 상정되었다.

IMF의 초대 한국인 이사로 부임한 후, 우리 직원들과 함께 IMF 도서관과 전자문서고를 다 뒤진 후 어렵사리 이 문서를 찾아낼 수 있었다. 일부 활자들이 뭉개진 타이프라이터로 쓰인 IMF의 첫 한국 경제 보고서를 한 장 한 장 넘기면서 느꼈던 흥분이 아직도 뇌리에 생생하다.

■ IMF의 첫 한국 경제 보고서

그 보고서 첫 장 도입부에는 당시 IMF 협의팀과 면담을 가졌던 초창기 한국 경제를 이끈 주요 경제 관료들의 이름이 나열되어 있다. 여러분이 거명되어 있지만 그중 몇 분만 들어 보면, 우선 제2공화국에서 내각 수반을 하셨던 고 김현철 당시 재무장관의 이름이 보이고, 나중에 부총리 겸 경제기획원 장관을 역임하신 고 이한빈 부총리가 당시 예산국 예산1과장으로 보고서에 거명되고 있다. 신현확 전 국무총리가 당시 상공부 산업국장으로, 후일 한은 총재, 상공부장관, 그리고 부총리 겸 경제기획원 장관을 두 차례 역임하셨던 고 신병현 부총리가 한은 조사부 부국장으로 계셨음을 알 수 있다.

IMF 재원의 주종을 이루고 있는 IMF 쿼타(quota)는 IMF가 기금 조성을 위해 각국의 국민소득과 외환보유고, 무역량 등을 감안하여 각 회원국에 할당하는 출자금이다. 우리나라의 가입 당시 쿼타는 미화 1,250만 달러였는데, IMF 규정에 따라 그중 25%를 금으로 납입하였다. 당시 58개 회원국 중 우리나라의 쿼타 비율은 0.14%에 불과했으며, 우리 통화의 공식 환율은 1달러당 500환이었다.(후일 화폐개혁으로 10환이 1원으로 바뀜) 경제 규모에 따른 각 회원국의 상이한 쿼타가 IMF 내 영향력 행사에 결정적인 역할을 한다는 사실을 감안해 볼 때 당시 우리의 경제 규모와 IMF 내 위상이 어느 정도에 머물러 있었는지 이 보고서를 통해 알 수 있다.

최초의 IMF 한국 경제 보고서에 실린 모든 내용들은 더 이상 한국 경제에 들어맞지 않는다. 심지어 국토 면적도 늘어났다. 그러나 딱 한 줄, 그 보고서 제2장 요약 편(Summary of Discussions)의 첫 문장만은 여전히 유효하다. 그것은 "대한민국은 한반도의 남부를 차지하고 있다(The Republic of Korea occupies the southern part of the Korean Peninsula)"이다. 50년 전에 쓰여진 이 간단한 한 줄의 문장을 보면서 오늘날까지 이어지고 있는 남북 분단의 현실에 가슴이 서늘해지는 것은 나 혼자만의 느낌일까?

1954년 중반을 기준으로 추정한 당시 인구는 2,170만 명이었다. 현재 인구의 절반도 되지 않는 숫자이다. 그럼에도 IMF 보고서는 "한국의 인구밀도는 평방킬로미터 당 230명으로, 세계에서 가장 인구밀도가 높은 나라 중의 하나"라고 적고 있다.

더욱이 경작 가능 면적은 전 국토의 4분의 1에 불과하고 산업이 발달되지 않아 인구의 압력은 더욱 가중되고 있다고 평가하고 있다.

IMF 협의팀이 한국 경제에 관해 당시에 가장 우려하던 것은 물가상승이었다. 이 보고서는 1945년 해방 이후 1955년 상반기까지의 물가 통계를 제시하고 있는데, 10년간 소비자 물가가 무려 1,131배(%가 아님)나 뛰었다. 이는 10년 동안 점증적으로 상승한 것이 아니라 대부분 6·25전쟁 와중에 오른 것이다. 전쟁이 끝난 다음 해인 1954년에도 물가는 전년 대비 50%나 상승하였고, 1955년 상반기 중에만 다시 33% 상승하였다고 동 보고서는 적고 있다.

한국 경제의 재건과 성장에 가장 큰 걸림돌이 될 인플레를 잡기 위해, 당시 IMF 협의팀은 어떤 처방을 제시했을까? 금융 측면에서는 한국은행이 화폐공급의 증가를 억제할 것을, 재정 측면에서는 정부가 균형예산을 편성할 것을 권고하였다.

당시 우리 정부의 재정은 크게 세 부문으로 구성되었는데, 일반부문, 국방 부문, 재건 부문이었다. 1955년 12월 국회에 제출된 1956회계연도 예산안을 잠깐 살펴보자. 정부 수지는 일반부문과 국방부문을 합쳐 1,490억 환의 지출을 계상하는 반면, 이를 위한 재정수입은 280억 환의 해외 원조를 합쳐도 1,260억 환에 불과하였다. 따라서 230억 환의 적자가 발생하게 되는데, 그중 90억 환은 국채발행으로 140억 환은 한국은행 차입으로 조달하는 것으로 되어 있다.

재건부문의 경우 전액 외국 원조로 충당되는 복구공사 프로젝트들이었는데, 그 규모는 1,250억 환에 이르렀다. 당시 한국 정부는 최종 재정수지는 미국의 방위예산 원조 규모가 결정되어야 알 수 있다고 말한 것으로 보고서는 적고 있다. 1954~55 회계연도의 미국 방위예산원조액은 194억 환에 달했다. 그러나 1955~56 회계연도 원조 규모는 합의가 되지 않아 우리 예산에 계상조차 되지 못했다.

IMF 한국 경제 보고서의 국제수지 부문 첫 문장은 이렇게 시작된다. "한국 국제수지의 가장 큰 특징은 한국의 국제수지가 외국 원조와 미군과 유엔군이 한국에서 지출하는 비용에 의존하고 있는 규모이다." 1954년 한국의 수출은 총 수입액의 10%에도 못 미치는 2,400만 달러에 불과하여, 경상수지는 2억3,500만 달러의 적자를 기록하였다. 당시 총 외환보유고는 1억2,000만 달러였는데, 일본 정부에 대한 4,700만 달러의 부채가 있어 이를 갚을 경우 1956년 중반에 외환보유고가 5,000만 달러 이하로 떨어지게 될 것을 IMF 협의팀은 우려하고 있다.

한 마디로 1955년 한국 땅을 처음 밟은 4명의 IMF 협의팀이 바라본 한국 경제의 미래는 암울했다. 관개시설이 제대로 되어 있지 않아 하늘만 쳐다보는 천수답 중심의 농업, 기반시설 · 기술 · 자본이 없어 경쟁력이 없는 산업, 하늘 높은 줄 모르고 치솟기만 하는 물가, 전후 복구를 위해 돈 쓸 곳은 많은 데 제대로 걷히지 않는 세금… 1955년 IMF 최초의 한국 경제 보고서는 한국 경제의 현재와 미래에 관해 단 한 줄의 희망적인 문구도 적고 있지 않다.

■ 한 가난한 나라 이야기

지난 2004년 10월 4일 워싱턴에서 IMF 연차총회가 열렸다. IMF 수석부총재이자 미국의 대표적 여성 경제학자인 앤 크루거(Anne O. Krueger) 여사는 IMF 연차총회에 참석한 아프리카 국가들의 재무장관, 중앙은행 총재 오찬에 초대되어 연설을 했다. 그 연설은 아주 감동적인 것으로 연차총회가 끝난 후에도 한동안 워싱턴 일가에서 인구에

회자되었다. 아래 그 내용을 간략히 소개하고자 한다.

"지하자원이라고는 거의 없는 한 가난한 농업 국가를 떠올려 주십시오. 이 나라는 너무 가난하여 GDP의 10% 이상을 외국 원조에 의존하고 있습니다. 심각한 가난과 높은 대외 의존도로 몇몇 경제학자들은 과연 이 나라가 해외 원조 없이 자력으로 살아갈 수 있을지조차 의문을 가집니다. 경작 가능 면적대비 인구밀도 세계 최고, 인플레율 세계 최고, 수출은 GDP의 3%에 불과한데 그중 88%가 1차 가공품인 나라.

이것은 아프리카의 어느 나라 이야기가 아닙니다. 이것은 1950년대 아시아에서 세 번째로 가난했던 한국에 관한 이야기입니다.

저는 결코 당시 상황을 과장하는 것이 아닙니다. 한국은 발전하지 못할 것이므로 아주 낮은 수준의 소비를 지속할 수 있는 정도의 원조만 제공하면 된다는 논리로 미국이 한국에 대한 원조 삭감을 결정했을 때, 이는 한국인들을 일깨우는 촉매제가 되었습니다. 한국인들은 번영은 고사하고, 경기 침체와 가난을 벗어나기 위해서는 획기적인 조치가 필요하다는 것을 깨달았습니다.

그 누구도 한국의 실험이 성공하리라고 예측하지 못했습니다. 한국이 얼마나 크게 성공했는지를 되짚어 보면, 1960년부터 2000년 사이 한국의 실질 1인당 GDP는 10배 늘어났습니다. 이것은 중국 · 브라질 · 인도 · 말레이시아 · 멕시코 등을 능가하는 경이적인 성장 실적입니다.

1960년에 브라질과 멕시코의 1인당 GDP는 한국보다 높았습니다. 그런데 2000년까지 한국의 1인당 GDP는 거의 브라질의 3배, 멕시코의 3.5배 수준에 이르게 되었습니다. 이는 30년 넘게 해마다 30% 이상의 수출성장률을 기록한 수출주도형 성장전략의 결과입니다.

한국은 대부분의 국가들보다 더욱 성공적으로 발전했지만, 한국만이 유일하게 발전한 것은 아니라는 점을 강조하고 싶습니다. 다른 나라들도 유사한 경제정책을 추구함으로써 급속한 생활수준의 향상을 누렸습니다. 한국은 그들이 이룩한 것에 있어서가 아니라, 발전을 위해 투입한 그들의 헌신의 정도와 집념에 있어서 다른 나라들보다 뛰어났습니다.

1950년대에 한국은 아주 불리한 입장에 놓여 있었습니다. 한국은 세계에서 가장 가난한 나라 중의 하나였지요. 1961년 전 세계의 국가

수가 지금보다 훨씬 적었던 시절 한국의 1인당 국민소득은 60위를 기록했습니다. 당시 대부분의 아프리카 국가들의 1인당 국민소득은 한국보다 높았습니다.

아프리카는 경제적 기회의 대륙이며 그래야만 합니다. 아프리카에는 풍부한 천연자원과 인적 자원이 있습니다. 아프리카는 건전한 경제정책을 채택하기 시작하였고 그 성과가 가시화되는 등 발전하고 있습니다. 한국의 사례는 비전, 헌신, 그리고 무엇보다도 자국의 이익에 대한 분명한 이해를 가질 때 얼마나 더 큰 성과를 이룩할 수 있는지를 보여줍니다."

(Anne O. Krueger IMF 수석부총재의 연설 원문: http://www.imf.org/external/np/speeches/2004/100404.htm)

■ 우리에게 남겨진 과제

1950년대 아시아 최빈국 중의 하나, 많은 경제학자들이 과연 이 나라가 자력으로 살아갈 수 있을지조차도 의문을 품었던 나라 한국은 지난 반세기 동안 절망과 희망의 교차 끝에 오늘에 이르렀다. 50년 전 IMF 경제 진단서가 암울한 미래를 내다본 이 '가난했던' 나라는 오늘날 세계 10위권의 경제 규모로 도약했으며, IMF 이사회에서 호주·

필리핀 · 뉴질랜드 등 14개국을 대표하는 최초의 한국인 이사를 배출하기까지 했다.

이 같은 우리의 오늘은 앞 세대의 피와 땀의 결정체이다. 최빈국의 자리에서 세계 10위권의 경제 규모를 이루게 된 지금, 우리에게 남겨진 과제는 무엇인가 앞 세대가 이끌어 준 오늘의 한국을 현재의 우리는 어떤 모습으로 다음 세대에게 물려주어야 할 것인가 지금까지의 한국이 빠른 시일 내에 성장의 가시적 성과를 이룩하였다면, 이제 우리는 이를 바탕으로 견고한 사회적 내실을 쌓는 일에 더 노력을 기울여야 하지 않을까?

각자가 자기 자녀들에게 물려주고 싶은 한국의 모습은 무엇인가를 떠올려 보면 답은 거기에서 찾을 수 있지 않을까 싶다. 정의가 통하는 사회, 성실하고 바르게 사는 사람이 대접받는 사회, 한국에서의 경쟁력이 곧 국제 경쟁력으로 통할 수 있는 사회… 우리 아이들이 그런 나라에서 살 수 있게 길을 열어 주는 것이 우리 세대의 남은 과제일 것이다.

IMF 가입 50주년을 성공적으로 보낸 우리에게 이제부터는 다시 새로운 시작이다. 크루거 IMF 수석부총재가 한국 성장의 진정한 성공 요인으로 분석한 바와 같이 우리 국민의 목표를 향한 헌신과 이를 달성해 내는 집념, 그리고 미래에 대한 확고한 비전을 갖는 데에서 출발해야 하지 않을까. 우리 세대가 재도약을 위해 남겨진 과제를 제대로 진단하고 온 국민의 역량을 이를 위해 결집시킬 때 우리 아이들의 미래엔 세계를 리드하는 자랑스러운 대한민국이 펼쳐질 수 있을 것이다.

[오종남의 워싱턴 편지] (2006.4.26.)

Opening Remarks by Anne O Krueger, First Deputy Managing Director, IMF

Good afternoon, Governors and colleagues: I'm honored to have been asked to make some brief opening remarks at today's lunch. I'd like to share with you two thoughts today: one is about current achievements in Africa, the other about the continent's future potential.

A strong global recovery has provided the backdrop for this year's meetings. And growth in quite a number of African countries has been encouraging, offering the hope that there can be an important transformation in the continent's economic prospects.

So the signs are promising, although much more needs to be done.

Of course, outside help is vital. But such assistance is far more productive when it accompanies home-grown reforms and sound macroeconomic policies. As growth rates have begun to accelerate in many African countries, and inflation has continued to fall, we can see the fruits of this multi-faceted approach.

It is, as I say, an encouraging picture and one we need to build on.

How do we build on that, to realize Africa's economic potential? Let me share with you some thoughts about a case where the economic potential was realized—to a degree that no one predicted at the outset. Indeed, many people believed that growth could not occur at all.

Picture a poor, largely rural peasant economy, almost wholly lacking in natural resources. So poor, in fact, that this economy is crucially dependent on foreign aid transfers— amounting to more than 10% of GDP. It is so poor and so dependent on outside help that some economists doubt it is a viable economy without those large aid inflows. It has the highest density of people on arable land anywhere in the world; the highest rate of inflation in the world; and its exports are 3% of GDP, 88% of which are primary commodities.

I am not talking about any African country. I'm talking about

Korea in the late 1950s, then the third poorest country in Asia.

And I am not exaggerating the situation. There was genuine alarm when it became clear that the United States had decided to scale down the financial assistance it was providing Korea, on the grounds that Korea would not grow, so only providing support to maintain very low consumption levels was appropriate.

The American decision, though, was a catalyst. Koreans recognized that radical action was needed if the economy was to avoid stagnation and poverty, let alone prosper.

I said no one could have predicted how successful the experiment would be. Let me remind you quite how successful Korea has been. Between 1960 and 2000, real GDP per capita, expressed in 1995 dollars, grew tenfold. That is spectacular growth performance, surpassing China, Brazil, India, Malaysia, Mexico to name just a few examples.

In 1960 both Brazil and Mexico had per capita GDP higher than Korea; by 2000, Korea's per capita GDP was almost three times that of Brazil and almost three and a half times that of Mexico.

This was export-led growth, with exports growing on average by more than 30% a year over three decades or more.

Such a rapid rise in income per head brought dramatic improvements in the quality of life. Infant mortality dropped from 127 deaths per 1000 children under 5 to just 5 in the forty years to 1960. Life expectancy rose from 54 years to almost 74 years. Real wages rose by 8% a year on average between 1964 and 1994, while the unemployment rate fell from 25% to around 3%.

Korea's experience is clear evidence that high rates of growth sustained over a long period raise living standards and dramatically reduce poverty. Making the cake bigger, rather than seeking to cut it in a different way, is the best way of helping people escape poverty.

So how did Korea achieve such dramatic results? They were truly impressive, but there was no secret recipe.

The reforms embarked on from the late 1950s had the clear objective of turning Korea into a modern industrial economy. They systematically addressed fundamental problems. There was a determination to tackle structural problems in the economy, and to stick with a reform program. Sound macroeconomic policies were put in place. The economy was liberalized and the importance of foreign trade was recognized.

There was a conscious decision to rely on incentives to remove any bias towards import–competing activities–and doing so at a realistic exchange rate—thereby increasing incentives for exporters. Exporters gained access to international markets for their inputs at world prices, which helped them improve their competitiveness. The government worked hard to remove bottlenecks and to tackle the problem of poor infrastructure.

In 1960, there was a large but necessary devaluation, and export incentives were adjusted to maintain relative constancy in the real returns to exporters over time. These incentives were uniformly applied across all exports. Over the next few years, almost all quantitative restrictions on imports were converted to tariffs; these in turn were greatly reduced. In the four decades from 1960, exports rose from less than 8% of GDP to 37%.

In 1964, a major fiscal reform was introduced, which greatly reduced the government's budget deficit; at the same time interest rate ceilings were relaxed and the exchange rate regime was changed to a crawling peg.

Tax policy was reformed and tax collection improved. Public spending was brought under control. The huge budget deficits of earlier years were virtually eliminated in just a few years. At an early stage, the importance of infrastructure investment as an aid to exporters and import-competing firms was recognized—and appropriate measures taken.

Later in the reform process, greater emphasis was put on further liberalization of trade and the financial sector. And the reform process has continued as Korean policymakers have continued to adapt to deal with the problems that come with further growth. But the main thrust of economic policy has remained largely constant—an outward orientation with strong incentives for exporters, and a commitment to growth through trade. This has meant that the country has been well—placed to cope with the fresh challenges that economic success brings.

Korea's successful performance was reinforced by policymakers' ability—and willingness—to try to anticipate bottlenecks and potential crisis points. They were successful in this until the 1990s when they failed to anticipate the problems that weaknesses in the financial sector could bring for the wider economy. Korea, of course, was one of the countries most affected by the Asian financial crises of 1997—98. But once again, the economy's resilience was demonstrated: within a couple of years, GDP was back to pre—crisis levels, and growth resumed.

Korea may have been more successful than most, but I must emphasize it is not unique. Other countries have enjoyed rapid improvements in living standards and all have done so by following similar economic policies. Korea stands out not for what it did but for the degree of commitment and singlemindedness that it brought to its task.

In the 1950s, the odds seemed stacked against Korea. It was one of the world's poorest countries. In 1961, it ranked 60th on a per capita income scale at the time when there were far fewer countries in the world. Most African countries had higher per capita GDP than Korea at that time.

Economists were ready to write it off. Yet adopting sound economic policies—in particular, I would argue, shifting the focus of the economy towards trade and export growth with reliance on incentives—brought huge rewards. What started as a struggle for economic survival; turned into a remarkable success story. That is why I believe it offers an encouraging example from which African countries can take heart.

Too often we pay lip service to the benefits that trade liberalization can bring. Too often, governments are nervous about being bold. But the evidence is overwhelming—trade liberalization when accompanied by sound macroeconomic policies, including an appropriate exchnage rate and tariff reduction, is a vital spur to economic growth. Multilateral trade liberalization brings the greatest benefits, of course, which is why the Doha round is so important. But unilateral liberalization brings great rewards as well. And there is no doubt that Korea benefited enormously from its own unilateral moves towards trade liberalization.

Many of the benefits that developing countries can expect to gain from trade liberalization come from liberalizing trade among developing countries. Yes, rich countries should open their markets and reduce and eliminate trade distorting subsidies. But so should poor countries—for their own sake.

Africa is, or ought to be, a continent of economic opportunity. It is rich in natural resources. It is rich in human resources. It is making progress, both in terms of adopting sound policies and seeing the results start to materialize. Korea's example shows how much more can be achieved with vision, commitment and, above all perhaps, a clear understanding of self–interest.

Thank you.

October 4, 2004 Opening Remarks by Anne O. Krueger

세계 경제 10위 국이 IMF 쿼타 28위?

■ IMF 개혁과 한국의 위상 강화

지난해 9월 국제통화기금(IMF)은 늘어나는 사무실 수요를 충당하기 위해 제2본관 건물을 준공하였다. 이 건물은 새 국제회의장에서 한덕수 경제 부총리 겸 재경부 장관이 2005년 IMF 연차총회 기조연설의 첫 테이프를 끊음으로써 한국과의 인연을 맺은 곳이기도 하다. 필자는 종종 IMF 총재를 비롯한 간부들에게 이 새로운 제2본관 건물이 한국 납세자들이 지어 준 것인 줄 아느냐고 농담 반 진담 반 묻곤 한다. 그러면 당연히 그들은 눈을 둥그렇게 뜨고 되묻는다. 그게 정말이냐고….

■ 한국이 지어준(?) IMF 제2 본관 건물

1997년 외환위기를 겪게 되어 IMF에 긴급 구제금융을 신청할 당시 한국의 IMF 출자 지분, 즉 쿼타(Quota)는 전체의 0.55%, 약 11억 달러에 불과하였다. IMF 규정에 따르면 회원국은 외환위기를 겪게 되는 경우 쿼타의 300%까지는 낮은 이자율로 자금을 사용할 수 있으나, 이를 초과하게 되면 사용 기간에 따라 최저 3%에서 최고 5%까지 이자율을 추가적으로 내도록 되어 있다. 따라서 우리의 경우 당시 출자 지분의 2,000%에 가까운 총 210억 달러(실제 사용액은 195억 달러)를 빌려 쓰기 위해서, 우리의 쿼타가 충분했더라면 부담하지 않아도 될 추가 이자 약 5억 달러를 더 지불한 셈이다. 제2본관 건물(토지 비용은 별도)의 신축에 1억5,000만 달러 정도가 소요되었다고 하니 따지고 보면 IMF 제2본관 건물은 한국의 납세자들이 지어준 것이라고 해도 과언이 아니지 않겠는가.

■ 인기 없는 국제기구, IMF

국제통화제도가 원활히 작동할 수 있도록 하기 위해 IMF가 수행하고 있는 주요한 기능 중 정책감시(surveillance) 기능과 긴급구제금융(financial assistance) 기능이 있다. 이를 위해 IMF는 매년 회원국 당국자들과의 연례협의(Article IV Consultations)를 통해 회원국들의 경제정책에 대한 평가와 감시를 실시하고 있으며, 이는 상당히 객관적이고 엄격한 정책권고(policy advice)를 포함하고 있는 것으로 인정받고 있다.

한편 극심한 외환 사정으로 어느 곳에서도 자금을 구하기가 어려운 회원국은 IMF의 긴급구제 금융(lender of the last resort) 기능을 통해 자금을 융통할 수 있다. 이 경우 IMF는 채무국의 경제가 어려워진 이유는 경제정책 운용의 실패에서 온 것으로 간주하고 가혹하리만큼 엄격한 구조개혁 정책들을 프로그램이라는 이름으로 권고하게 된다.

평소 회원국이 바람직한 경제 정책 수립과 운영을 하도록 조언함으로써 외환위기를 예방함과 아울러 안정적인 세계 금융 질서를 도모한다는 IMF의 취지에도 불구하고, 이를 위한 회원국 정책감시 기능과 위기시 긴급구제 금융에 따른 회원국에 대한 엄격한 구조개혁 프로그램은 이 기구를 인기 없게 만드는 근본적 원인이다.

1997년 외환위기를 겪은 우리나라를 비롯한 아시아 각국은 물론이거니와 IMF 프로그램을 실시하지 않은 국가들에서조차도 IMF의 인기는 이러한 이유로 인해 바닥(?)일 수밖에 없다. 어쩌면 IMF가 회원국들로부터 환영받지 못하는 것은 환자에게 쓰디쓴 약을 처방해야 하는 의사의 경우처럼 기관의 태생적인 성격에 기인한 것이라고도 볼 수 있다.

한편 국가 차원에서의 낮은 인기와는 달리, IMF의 객관성과 엄정함은 세계은행, 아시아개발은행, 중남미개발은행, 아프리카개발은행 등과 같은 여타 세계 금융기구들 사이에서 주요한 역할을 발휘한다. 이들 기관은 일부 국가에 대한 자금 제공을 앞두고 그 근거로 IMF 보고서나 IMF 프로그램에의 가입 여부를 판단의 중요한 자료로 활용하고 있다.

■ 28위의 쿼타 수준

우리나라는 경제개발에 필요한 재원을 조달하기 위해 세계은행에의 가입자격을 얻고자 IMF가 설립된 지 10년 후인 1955년 8월 58번째 가맹국으로 IMF에 가입하였다. 가입 당시 각 회원국의 경제력 등을 고려해 그 규모가 정해지는 쿼타는 IMF 자금의 재원으로 사용될 뿐만 아니라 앞서 우리의 예에서도 보았듯이 회원국이 IMF 자금을 이용할 경우 이용 한도를 결정하는 기준이 된다. 또한 각 회원국의 쿼타는 IMF내 의사결정시 사용되는 투표권을 결정함은 물론 IMF 상임이사회의 구성조차도 해당 국가의 쿼타에 따라 정해지고 있음을 감안할 때 쿼타의 의미는 더욱 각별해진다.

우리나라의 쿼타는 가입 당시 약 1,940만 달러(1,250만 SDR, SDR은 IMF가 만든 화폐로 초기에는 준비자산으로 사용되었으나 현재는 국제기구의 회계 단위로 주로 사용)로 총 쿼타에서 차지하는 비중이 0.14%에 불과하였다. 그 후 아홉 차례의 증액과정을 거쳐 2006년 5월 현재 우리나라 쿼타는 24억300만 달러(16억5,190만 SDR, 1SDR=1.47106US$ 4월 말 기준)로 늘어났다. 이는 전체 쿼타 비중 0.77%에 해당하는 것으로 총 회원국 중 28위를 차지한다.

■ 쿼타와 경제 규모의 심한 불균형

현재 아시아국가들은 지난 수십 년간의 빠른 경제성장으로 이제 세계 경제성장의 엔진으로 불리워지고 있다. 아시아는 2005년 현재 국내총생산 기준으로 세계 경제의 22.4%를 차지하는 수준이 되었으나 IMF에서의 쿼타 비중은 전체 쿼타 중 16.5%로 심한 불균형을 보이고 있다.

이 같은 현실로 인해 아시아 국가들은 IMF의 대표성에 가장 불만을 나타내고 있는 지역이며 IMF 쿼타 논의의 핵심 역할을 하고 있다. 특히 우리나라의 경우 2005년 기준 경제 규모 면에서 세계 GDP의 1.8%(세계 10위)를 차지하였으나 쿼타는 여전히 0.77%의 미미한 수준에 머물러 있는 실정이다.

실상 IMF에서 현재 활용되고 있는 쿼타 공식에 2004년의 경제 규모를 적용할 경우 우리나라의 쿼타는 2.23%에 이른다. 이는 현재 우리의 쿼타가 적정규모에 비해 얼마나 과소대표되고 있는지를 여실히 보여주는 것이다.

아시아국가들은 지난 1997년의 위기를 거치면서 값비싼 대가를 치른 까닭에 무역 거래를 통해 벌어들인 외환을 만일에 발생할지도 모를 위기에 대비해 외환보유고의 형태로 쌓아놓게 되었다. 결과적으로 이들 국가의 외환보유고는 2005년 말 현재 무려 2조5,000억 달러를 상회하는 엄청난 규모에 이르게 되었다.

더 나아가 이들 국가들은 지역 금융 협력과 통합의 일환으로 아세안+3개국(한 · 중 · 일)의 주도하에 지난 2000년 5월 치앙마이선언(Chiang Mai Initiative) 등을 통해 일시적으로 외환 부족을 경험하는 아시아 국가들에게 유사시 긴급히 유동성을 제공할 수 있는 지역 내 금융 협력의 틀을 마련해 놓은 상태이다.

더불어 현재 실질적, 학문적 논의는 잠잠한 상태이지만 지역 금융위기에 발 빠르게 대처할 수 있는 아시아통화기금(Asian Monetary Fund)의 필요성과 설립에 대한 담론 또한 여전히 이어지고 있다. 이러한 일련의 사실들은 IMF 프로그램의 혹독함에 대한 아시아 제반 국가들의 불만과 기본적으로 IMF 내에서 이들 국가들이 제 목소리를 낼 수 있는 창구가 제대로 마련되어 있지 않다는 점에 기인하는 것으로 보인다.

■ IMF 중기전략 방안: 쿼타 조정

2004년 6월 취임한 드라토 IMF 제9대 총재는 취임하자마자 21세기 세계화가 국제사회에 던져준 도전에 능동적으로 대처함은 물론 급변하는 세계 경제 흐름에 발맞춰야만 IMF 정체성이 유지될 수 있다는 절박한 현실 인식하에 IMF 역할에 대한 근본적 재정립을 주요 내용으로 하는 중기전략(Medium-Term Strategy for IMF) 수립에 착수하였다.

(원문 참조 http://www.imf.org/external/np/exr/ib/2006/041806.htm)

동 보고서에서 특히 우리가 주목해야 할 내용은 쿼타 조정과 직접 관련이 있는 IMF 지배구조에 관한 내용이다.

IMF 지배구조의 근간은 쿼타 조정에 있다. 2005년 1차 보고서에서는 다른 국가의 쿼타 축소를 동반하지 않는 과소대표된 몇몇 국가에 대한 특별증액이나 일부 증대와 일부 축소에 기초를 둔 자발적인 합의에 의한 쿼타 조정 등 2가지 쿼타 조정 방식이 제시되었다. 하지만 상호합의에 의한 쿼타 조정은 누군가는 얻고 누군가는 잃어야 하는 제로섬(zero-sum) 게임의 성격이 짙어 쉽게 결론이 도출되지 않는 방안이었다.

이러한 현실을 감안하여 이번 4월에 개최된 24개 상임이사국 재무장관으로 구성된 국제통화금융회의(IMFC)에 제출된 보고서에는 현실적으로 회원국 간 합의가 가능한 방안의 하나로 우선 가장 과소대표된 몇몇 국가에 대한 특별증액을 1단계로 추진하고 상임이사회 구성과 크기, 소규모 저개발국가의 투표권 보장을 위한 기초투표권, 쿼타공식, 총재단 구성 등 다른 지배구조 문제는 그 후에 추진하는 2단계 방안이 제시되었다.

■ **쿼타 조정에 대한 주요국의 입장**

IMF의 총 쿼타 중 17.38%를 차지하며 최대주주인 미국과 상임이사회 24명의 이사 중 9명(38%)을 차지하고 있는 유럽은 1차 보고서가 논의된 시점에서는 쿼타 조정에 대해 미온적인 입장을 보였으나, 쿼타 조정이 늦출 수 없는 시급한 과제인 데다 아시아국가들의 강력한 쿼타 조정 요구 등을 감안하여 일방의 쿼타 축소가 없는 특별증액을 주요 내용으로 하는 현재의 2단계 방안을 찬성하는 쪽으로 입장을 선회하였다. 쿼타와 경제력 간의 불균형 문제에 가장 많이 노출되어 온 중국, 한국을 포함한 여타 아시아국가들과 이들의 쿼타 증액을 지원해 온 일본은 전폭적으로 특별증액안을 찬성하고 있다.

그러나 과거에 비해 경제 규모가 축소된 아프리카 국가들과 러시아, 아르헨티나, 그리고 실제 쿼타가 새롭게 계산된 쿼타에 비해 과대대표되고 있는 브라질, 인도 등은 자국의 쿼타 축소 가능성을 염려하면서 특별증액방안을 반대하고 있다. 결국 24명의 상임이사 중 6명(투표권 비중 14%)이 특별증액과 후속방안을 내용으로 하는 2단계 쿼타 조정 방안을 반대하고 있는 실정이다.

■ 쿼타 조정에 대한 봄 총회 결론

IMFC가 종료되면 회원국 공동의 의견을 종합하여 공식 성명서(Communique)를 발표한다. IMFC 공식성명서의 문구는 회의가 열리는 동일한 시각 옆방에서 고위급 실무진이 가다듬고 이를 최종적으로 IMFC에서 채택하는 것이 일반적인 관례이다. 그러나 이번 성명서 작성 시 특이했던 점은 IMF 지배구조부문만큼은 사안의 중요성과 소모적인 논쟁을 피하기 위해 실무자들에게 맡기는 대신 IMFC 위원들만의 별도 회동에서 마무리한 결과를 담도록 하였다는 점이다.

이번 IMFC 공식 성명서에 따르면, '위원들은 각국이 세계 경제에서 차지하는 비중과 역할의 중요한 변화를 반영하는 쿼타 배분의 개선에 있어 특별증액방식이 기여하는 역할을 강조한다(We underscore the role an ad hoc increase in quotas would play in improving the distribution of quotas to reflect important changes in the weight and role of countries in the world economy)' 라고 명시되어 있다.

IMFC는 또한 드라토 총재에게 올 9월 열리는 싱가폴 연차 총회에 구체적인 방안을 제출할 것을 요청하였다. 구체적인 특별증액안을 총회에 내도록 요청한 점에 있어서는 유의미한 성과로 보이나, 당초의 쿼타 조정방식인 2단계 방안이 명시적으로 표현되지 않은 점은 향후 쿼타 조정이 순탄치만은 않을 것임을 시사한다.

■ 향후 전망과 과제

IMF의 쿼타 조정을 둘러싼 논의가 시작되면서 한 · 중 · 일 3국은 다각적인 채널을 통해 아시아국가들이 지나치게 과소 대표되었다는 점을 강조하며 조속한 시일 내 시정조치를 단행할 것을 국제사회에 지속적으로 요구해 왔다. 현재로서는 구체적으로 어떤 나라에 얼마나 특별증액이 이뤄질지에 대해서는 결정된 바가 없는 상태이며 향후 여러 채널을 통해 구체적인 안이 마련될 예정이다.

그러나 앞서 언급된 바와 같이 쿼타 조정안에 대한 논의 중 특별증액안을 반대하는 국가의 비중이 14%에 달한다는 사실에 주목할 필요가 있다. 또한 IMFC 회의에서 당초의 2단계 쿼타 조정방안이 명시적으로 채택되지 않은 부문도 예사롭지 않다.

이러한 상황들을 감안해 볼 때 향후 특별증액안이 현실화되는 데는 상당한 진통이 뒤따를 것으로 예상된다. 따라서 우리는 특별증액을 찬성하였던 국가들과의 공조를 더욱 공고히 해 나가는 한편, 이에 반대하는 국가들에 대한 설득도 지속적으로 병행해 나가야 할 것이다.

IMF 쿼타 조정과 관련 결정적으로 중요한 다음 연차총회가 9월 17일 싱가폴에서 개최될 예정이다. 국제사회에서 입지를 강화해야 할 필요가 절실한 우리 입장에서 그나마 다행인 것은 특별증액안을 강력히 추진하는 우리에게 우호적인 IMF 총재단이 존재하고 있다는 점이다.

더욱이 최근 발표된 국제경제연구소(IIE)의 IMF 개혁에 관한 특별보고서(Reforming the IMF for the 21st Century, Special Report 19, edited by Edwin M. Truman, April 2006, pp.71~73)가 한국을 IMF내 가장 과소대표된 국가로 명시한 점 또한 우리에게 매우 고무적이다.

그 어느 때보다 쿼타 조정이 현실화될 분위기가 무르익고 있다. 이 절호의 기회를 잘 활용하기 위해서 정부는 정부 차원에서, 각자는 자기 위치에서 관련 상대국들에 대한 최선의 설득과 공조를 위해 외교적 총력을 경주해야 할 것이다. 이번 기회를 통해 우리의 쿼타가 신장된 우리 국력에 상응하는 만큼 증액됨으로써 IMF 내에서 우리의 국익을 대표하는 목소리를 제대로 낼 수 있게 되고, 만에 하나 유사시 불필요한 이자 부담의 소지를 없앨 수 있기를 간절히 기원해 본다.

[오종남의 워싱턴 편지] (2006.5.17.)

FTA와 평평한 세계에서 살아가기

■ 평화 시위에 실망한(?) 미국 언론

국제통화기금(IMF)에서 아주 가까운 곳에 위치한 백악관 담장 옆을 지나다 보면 전쟁을 반대하거나 인권탄압 국가에 대한 지원 중단을 요구하는 각양각색의 시위를 자주 보게 된다.

이들 대부분은 우리가 떠 올릴 수 있는 한국의 시위문화와는 다소 거리가 있다. 시위자들은 주로 구호가 적힌 피켓이나 사진 등을 앞에 세워 놓고 차라리 노숙하는 쪽에 더 가깝다.

미국 내에서 집단적 폭력시위를 하는 경우는 거의 없다. 있다면 이는 폭동으로 간주되어 공권력이 단호하게 진압한다. 국민들도 시위대가 폭력적 수단을 사용할 경우, 그 명분을 불문하고 싸늘하게 등을 돌린다. 삭발이나 단식투쟁도 보기 어렵긴 마찬가지다.

지난 6월 5일부터 일주일간 한 · 미 자유무역협정(FTA)을 위한 제1차 실무협상이 워싱턴 DC에서 열렸다. 타결이 아닌 협상의 시작이라서인지 이 소식 자체가 미국 내에서 큰 뉴스거리가 되지는 못했다.

반면 FTA 저지를 위한 한국의 원정 시위대에 대해서는 미국 언론이 많은 관심을 보였다. 마침 IMF와 한국 정부 간의 연례 협의차 서울에 머물고 있던 나는 그 시위를 직접 목격하지는 못했으나, 보도에 따르면 이들이 세계은행, IMF, 미 무역 대표부(USTR), 백악관 앞 등을 행진한 것으로 알려졌다.

평화적 시위에 익숙한 많은 미국 기자들과 백악관 주변의 관광객들은 내심 TV에서만 보던 한국의 과격한 시위 행태와 람보 같은 미국 경찰의 진압 장면을 직접 볼 수 있지 않을까 하는 기대(?)를 가졌을 지도 모른다.

그러나 한국 시위대는 그들의 기대와는 달리 처음부터 끝까지 평화적으로 시위를 마쳤다.

지난 5월 1일 미국에서는 전국적인 대규모 시위가 있었다. 미국 정부의 불법 체류자에 대한 강경 정책과 새 이민법안을 반대하는 시위였다.

'이민자 없는 날(A Day Without Immigrants)'로 불린 이날 시위대는 미국 정부가 과거 자신들이 미국에 입국한 과정이나 체류의 합법성을 따지기보다는, 이민자들이 미국 경제에서 중요한 역할을 담당하고 있는 현실을 인정하고 앞으로 추방의 공포 없이 안정적으로 미국 땅에서 살아갈 수 있도록 해 달라고 요구하였다.

미 전역에 걸쳐 수십만 명이 참여한 것으로 추정된 이 날의 시위는 대부분이 멕시코 등 남미 출신의 이민자(히스패닉) 또는 불법 체류자들이었다. 엄청난 수의 참가자에도 불구하고 이날의 시위는 평화적이었으며, 시위 주최 측이 공언했던 미국 경제 마비 사태는 발생하지 않았다.

이전의 반이민법 시위에서 멕시코 국기를 흔들며 멕시코 국가를 부른 것에 대한 미국 내 비난 여론도 의식한 듯 시위대는 '우리는 모두 미국인'임을 외치며 성조기 행렬을 이루기도 했다.

■ 두 갈래의 미국 이민법안

미국 의회에는 현재 두 가지의 이민법안이 통과되어 있다. 작년 12월 하원을 통과한 이민법안과 올해 5월 25일 상원을 통과한 이민법안이 그것이다.

우선 작년 12월에 통과된 하원의 이민법안의 골자는 외국인의 미국 불법 체류를 중범죄로 규정하고 모든 불법 체류자를 구속하여 추방하며 미국-멕시코 간 국경에 320km의 장벽을 설치하는 것이다.

또한 직원의 법적 신분에 대한 고용주의 확인 책임을 강화하여 서류가 미비한 고용주를 처벌하도록 하고 있다.

그러나 그로부터 6개월이 흐른 지난 5월, 상원을 통과한 이민법안의 내용은 이와 사뭇 다르다. 동 법안에 따르면, 5년 이상 된 장기 불법 체류자들은 약 300만 원(미화 3,250달러)의 벌금과 미납 세금만 내면 영어를 배우는 조건으로 시민권을 취득할 수 있다.

불법 체류 기간이 2~5년인 중기 불법 체류자들은 출국 후 재입국 절차를 거쳐 합법적 체류 기회를 얻을 수 있으며, 2년 미만의 단기 불법 체류자는 미국에서 추방된다. 동시에 미-멕시코 국경에 600km의 장벽을 쌓고 국경 수비에 주 방위군을 투입하며, 불법 체류자를 고용한 업주에 대한 처벌을 강화한다.

이 법안은 특히 부시 대통령이 제안한 초청 노동자 프로그램을 수용하여, 매년 20만 명의 초청 노동자와 150만 명의 임시 농업노동자들을 받아들이고 있으며 이들에게 영주권 신청기회를 부여하고 있다.

보수적인 상원에서 62대 36이라는 압도적 표차로 가결된 이 새 이민법안은 지난 20년간 미국 의회를 통과한 이민법안 중 가장 진보적이라는 평가를 받고 있다.

어떤 이는 이 법안의 통과를 최근 급속히 팽창한 히스패닉계 주민들의 정치적 영향력을 보여주는 일대 사건이라고 해석하기도 한다. 그러나 그 중 상당수가 불법 체류자로서 투표권이 없다는 점을 감안한다면 그것만으로는 동 법안에 대한 상원의 압도적 지지를 설명하기는 어렵다.

그보다는 그 법안이 미국 내 다양한 집단의 이해관계를 절묘하게 절충하고 있기 때문에 통과된 것으로 보는 견해가 지배적이다. 불법 체류자의 증대로 인해 범죄가 증대되고 사회의 안전이 위협받는다고 생각하는 보수층을 설득하기 위해 단기 체류자의 즉각 추방 및 국경 경비 강화를 통한 또 다른 불법 체류자의 유입 차단을 제시했다.

이와 함께 저임금 노동력의 안정적 확보가 필요한 사업자들을 위해서는 초청 노동자 프로그램 실시와 중기 불법 체류자의 선별적 구제를 제시하였으며, 장기간 체류해 온 이민자 집단에 대해서는 소액의 벌금으로 사면해 주는 대신 영어를 가르쳐 미국 시민으로 동화시켜 나간다는 것이다. 이 얼마나 절묘한 윈-윈 전략인가?

미국은 이제 상원과 하원은 양원 협의위원회를 구성하여 두 법안을 절충한 단일 이민법안을 마련할 계획이다. 그 단일 법안이 하원과 상원을 모두 통과할 경우, 대통령의 서명과 함께 법으로서 효력이 발생하게 된다.

그러나 이는 쉽지 않을 전망이다. 최근 워싱턴포스트지의 보도에 따르면, 대다수 하원의원들(특히 공화당 소속)은 장기 불법 체류자들을 사실상 사면하고 시민권을 부여하는 상원의 법안에 강력히 반발하고 있다고 한다.

■ 가깝고도 먼 나라 한국

지난 5월 말 몽골 정부 당국과의 정책협의를 위해 몽골을 방문했다. 마침 우리나라 대통령의 국빈 방문 직후라서, 몽골 당국자들이 한국 정부와의 협력 증진에 많은 기대를 갖고 있음을 느낄 수 있었다.

총인구 250만 명 중 100만 명 정도가 수도 울란바토르에 몰려 살고 있는 몽골은 더 이상 유목국가가 아니다. 국민들은 급속히 도시로 몰려들고 있는 데 비해, 정작 도시에는 일자리가 없다. 그래서 한국으로 오고 있다.

주 3회 울란바토르를 떠나 서울로 가는 대한항공 여객기에는 새벽 1시 20분이라는 시간에도 불구하고 수십 명의 몽골 산업연수생들이 타고 있다. 현재 우리나라에는 2만5,000명 정도의 몽골인들이 합법이든 불법이든 일하고 있는 것으로 추정되고 있다.

이는 몽골 인구 전체의 1%에 해당하는 숫자이다. 외국인들, 특히 제3 세계 아시아인들의 입국은 점점 늘어나는데 이들을 바라보는 우리의 배타적인 시각과 편견이 지속된다면, 미래 어느 날 광화문 사거리에 '우리는 모두 아시아인'임을 외치며 태극기의 물결을 이루는 한국판 '이민자 없는 날'이 올 지도 모른다는 생각이 든다.

워싱턴에서 서울로 가는 기내에서 '나의 결혼 원정기'라는 한국 영화를 관람했다. 농촌에 사는 노총각 두 명이 멀리 우즈베키스탄까지 가서 신붓감을 골라 온다는 내용이다.

우리 농촌 총각의 현실은 어쩌면 그 영화보다 더 심각할 수도 있다. 최근 우리나라 일부 지역에서는 국제결혼 비율이 10%가 넘는다는 보도도 있었다. 근로 목적의 이민과 체류뿐 아니라 이 같은 국제결혼의 증가 또한 우리 사회에 외국인의 증가를 불러오는 요인이 된다.

국제결혼의 경우 이들 사이에서 태어나는 혼혈아동들을 생각해 보면 더욱 그렇다. 그런데 과연 우리는 얼마만큼 이들을 우리 사회에 받아들일 준비가 되어 있는가? 이러한 변화에 대해 정부는 어떤 정책적 마련을 하고 있는가?

한국인들의 배타적 속성을 얘기할 때 종종 예로 드는 것 중의 하나는 세계에서 차이나타운이 없는 대도시는 서울밖에 없다는 점이다. 지난 5 · 31 지방선거에서 사상 처음으로 외국인 영주권자들에게 투표권이 부여되기도 했다.

그동안 우리와 똑같은 세금을 내고도 자신들의 권익을 대변해 줄 정치인조차 제대로 뽑지 못하며 살아온 이들이 선거 때가 되면 한국에 대해 어떤 생각을 했을지…, 가깝고도 멀기만 한 한국은 아니었는지….

■ 평평한 세계에서 살아가기

〈렉서스와 올리브 나무〉(1999)를 써서 세계화의 전도사로 불리는 뉴욕타임스지 칼럼니스트 토머스 프리드먼(Thomas L. Friedman)은 작년에 〈세계는 평평하다〉라는 저서를 통해 세계화의 발전상을 조망했다.

2000년 이후를 '세계화 3.0'으로 명명한 프리드먼은 세계를 더욱 작게, 그리고 평평하게 만들고 있는 힘의 근원을 명민한 개인들과 세계화를 추구하는 소규모 기업들에서 찾고 있다. 따라서 세계화 3.0에서 지식노동자들의 양적(?) 질적 공급은 국제경쟁에서 중요한 역할을 하게 된다.

서구 선진 국가들과 다국적 기업에 의해 이끌려온 지난 '세계화 1.0'(1492~1800년)과 '세계화 2.0'(1800~2000년)과는 달리, 기술과 지식에 기반을 두고 전 세계 모든 인종이 참여하는 '세계화 3.0'의 평평한 세계에서 사람의 이동을, 자본과 상품의 흐름을, 지식과 정보의 공유를 막을 수 있는 것은 없어 보인다.

그렇다면 이러한 평평한 세계에서 우리가 추구해야 할 '삶의 방식'은 무엇이어야 할까? 21세기 평평한 경기장에서 경쟁을 하는 선수들은 더 이상 국가나 기업이 아닌 바로 인종을 막론한 개인들이다. 이들을 경쟁력 있게 만들어 줄 수 있는 건 국가의 또는 부모의 끝없는 보호가 아닐 것이다.

세계의 다양성을 인정하되 그 속에서 경쟁을 통한 개인의 변화와 발전을 추구한다면 이는 궁극적으로 기업과 국가의 강화를 가져올 것이며, 결국 '지역적인 것이 가장 세계적인 것'일 수 있게 만들어 줄 것이다.

한 · 미 자유무역협정의 협상에 따른 방미 원정시위대의 평화적 시위는 상대국에 우리의 입장을 적극적으로 알리고, 관계자들이 주요 사안의 협상에 더욱 최선을 다할 수 있게 만드는 촉매 역할을 해냈다고 볼 수 있다.

바로 '세계화 3.0'의 평평한 세계에서 가능한 일이다. 협상대표단이 태평양 건너편의 협상 테이블에서 최선의 결과를 이끌어내기 위해 노력할 때, 우리들 각자는 이 협상 타결이 가져올 미래의 변화를 내다보고 더 강해질 수 있는 경쟁력을 기르기 위한 만반의 준비를 하고 있어야 할 것이다.

지식과 기술에 바탕을 둔 평평한 경기장에서 무수한 선수들이 뛰고 있다. 이들 중 소수의 개인들이 세계를 이끌게 된다. 이것이 바로 '평면주의'이다. 그 경기장에 되도록 많은 우리 선수들이 뛸 수 있게 하려면 우리도 이제 세계를 향한 장벽을 내려 다양성을 수용하되 그 안에서 강한 개인들을 육성해야 할 것이다.

이는 자유무역협정에 따른 비용을 최소화하고 편익을 극대화하기 위해서나, 또는 한국판 '이민자 없는 날'이 오지 않도록 하기 위해서도 반드시 필요한 일이 아닐까?

[오종남의 워싱턴 편지] (2006.6.16.)

가난의 굴레 벗어날 '고기 잡는 지혜'

저소득 국가의 진정한 빈곤 탈출 방안은 무엇인가

■ 아프리카 나라들에 둘러싸여

매주 월, 수, 금요일이면 국제통화기금(IMF) 본관 건물 12층에 위치한 이사회 회의실에서는 184개국을 대표하는 24명의 이사들이 모여 회원국 연례협의 결과, 세계 경제전망, 국제금융안정보고서 등 IMF의 일상적인 업무를 논의하는 공식 회의가 열린다.

이 회의실의 좌석은 여느 국제행사와 마찬가지로 이사들의 영문 이름 순서에 따라 배치되어 있다. 필자의 영문 이름이 O로 시작되다 보니, 우연하게도 좌측에는 N씨 성을 가진 서남아프리카 19개국을 대표하는 탄자니아 출신 이사가, 우측에는 역시 O로 시작되는 성을 가진 중부 아프리카 24개국 대표 적도기니 출신 이사가 자리 잡고 있다. 이러다 보니 필자는 본의 아니게 2년 임기 동안 아프리카 국가들에 둘러싸여 보내게 되었다.

실상 이들과 바로 이웃해 앉게 됨으로써 아프리카 국가들에 대한 국제사회의 더 많은 관심과 지원, 더 나아가 국제사회에서 이들 국가들의 입지 확보를 한결같이 주장하는 아프리카 이사들의 생생한 육성을 항상 듣게 되는 특권(?)까지도 누리게 되었다.

이들의 어려움과 현안, 그리고 주장을 경청하다 보면 불과 30년 전 1인당 국민소득이 빈곤선인 하루 1달러도 되지 못했던 우리나라(1976년 1인당 GNI, 293달러)가 동남아 10개국 그룹에 포함되어(1978년 호주 그룹에 편입) 이름 모를 동남아 출신 이사에 의해 국제사회에서 대표되었을 당시의 모습이 떠오르곤 한다.

■ IMF의 저소득국 지원

IMF가 수행하고 있는 주요 기능에는 '정책감시(Surveillance)'기능과 '금융지원(Financial assistance)' 이외에도 저소득국가에 대한 빈곤 감축을 주요 내용으로 하는 '저소득국 지원(Low-income country engagement)' 기능이 있다.

이를 위해 IMF는 1987년 이후 저소득 개발국의 만성적인 국제수지 적자 및 외채 문제를 지원하기 위해 장기 저리의 자금을 지원하는 '빈곤 감축 및 성장지원 금융(PRGF: Poverty Reduction and Growth Facility)' 제도를 운용하고 있다.

또한 1996년에 외채가 과다한 빈곤국의 채무 부담을 덜어주기 위한 종합적인 방안으로 '외채 과다 빈곤국 외채경감 전략(HIPC Initiative: Heavily Indebted Poor Countries Initiative)'을 세계은행과 공동으로 마련하여 시행하고 있다.

이러한 IMF의 업무영역 확대과정에서 저소득 개발국에 대한 지원을 둘러싸고 이들의 개발과 자금지원을 주요 업무로 하고 있는 세계은행과 종종 업무영역에 대한 보이지 않는 경쟁과 갈등이 목격되기도 한다.

최근 IMF에서 저소득국 지원 기능이 이처럼 강화된 데에는 국제연합(UN)이 새 천년 들어 범세계적으로 추진하고 있는 '새 천년 개발목표(MDGs: Millennium Development Goals)' 달성을 위해 IMF · 세계은행 · OECD 등 국제기구의 역할을 명시적으로 요구하고 있는 점이 크게 작용했을 것으로 풀이된다.

또한 IMF가 정책감시 기능을 성공적으로 수행한 덕분인지 최근 수년간 세계 경제가 위기 없는 안정적인 성장을 구가하고 있어 새로운 업무영역이 조직 차원에서 필요하게 된 측면도 일부 기여하지 않았나 하는 생각이 든다.

이 같은 IMF의 저소득국 지원 기능 강화와 아프리카 이사들의 그룹 내 국가들에 대한 IMF의 역할 증대를 요구하는 절절한 호소에도 불구하고, 저소득국 지원에 관한 IMF 내 지배적인 의견은 IMF가 비교우위를 갖고 있는 부문에 초점을 맞추어 저소득국 지원이 이루어져야 한다는 것이다.

이들 국가들에 대한 무조건적인 지원의 확대보다는 IMF의 경제정책 조언 및 기술지원을 통한 회원국 역량 배양에 초점이 맞춰져야 하며, 이들에 대한 IMF의 자금 지원 및 부채 감축 등도 경제안정의 달성이라는 시각에서 보다 엄격하게 시행되어야 한다는 견해이다.

■ 새 천년 개발목표(MDGs)와 검은 대륙 아프리카

2000년 9월 유엔 새 천년 정상회의에 모인 세계 189개국 지도자들은 세계 빈곤퇴치의 구체적인 실행방안으로 '새 천년 개발목표(MDGs)'를 마련하였다.

이 개발목표는 2015년까지 세계의 빈곤을 1990년의 절반 수준으로 감축시키기 위해 극빈과 기아의 근절, 초등교육 기회의 확대, 남녀평등의 달성 및 여성의 권익 확대, 유아사망률 축소, 모성 보건 증진, HIV/AIDS · 말라리아 · 기타 질병 퇴치, 지속가능한 환경 확보 및 개발을 위한 범지구적 파트너십 구축의 8개 부문 목표와 18개 세부목표를 설정하고 있다.

세계은행은 2004년부터 '세계 모니터링 보고서(World Monitoring Report)'를 통해 MDG의 진전 상황을 평가하고 있다.

2005년 5월 유엔이 발간한 개발목표 진전 상황에 대한 첫 번째 세계보고서인 '새 천년 개발목표 보고서 2005(Millennium Development Goals Report 2005:http://www.un.org/millenniumgoals)'에 의하면, 1990~2001년 사이 아시아의 급속한 경제성장과 그에 따른 괄목할 만한 지역 내 극빈

감소가 세계 빈곤 감축에 기여한 것으로 보인다.

그렇지만 아프리카의 경우 오히려 극빈 상태가 악화된 것으로 보고되었다. 그뿐만 아니라 사하라 사막 이남 아프리카 국가들의 대부분이 교육기회 확대, 유아사망률 축소, 질병 퇴치 등 인간개발목표(Human Development Goals) 달성과 상당한 거리가 있는 것으로 평가됨으로써 이들 국가들이 과연 2015년까지 '새 천년 개발목표'들을 달성할 수 있을지에 대해 회의적 시각을 갖게 했다.

아프리카 국가들의 그간 MDG 목표 달성이 이처럼 부진한 데에는 이들이 개발을 위해 외국으로부터 무분별하게 과다한 외채를 도입했으나 들여온 재원이 성장에 절실히 요구되는 사회 환경 개선이나 국가개발에 제대로 활용되지 못하고, 일부 권력자의 사적 금고로 사라지거나 현 수준에서의 제도적 미비나 결함 등에 의해 낭비가 생김으로써 국가 재원에 마치 '밑 빠진 독에 물 붓기'와 같은 부채의 악순환이 지속되고 있기 때문이다.

막대한 부채를 걸머진 채 이러지도 저러지도 못하고 있는 대부분의 아프리카 국가들은 앞으로 이들의 정치 지배구조가 어느 정도 개선되어 국가부흥의 의지가 굳건해진다고 한들, 사실상 개발에 필요한 가용자원 조달이 더 이상 국 · 내외적으로 용이하지 않은 상태에 처하게 되었다.

■ 부채탕감을 보는 두 가지 시각

최근 일부이긴 하지만 아프리카 몇몇 국가들의 과거 만연했던 부패와 저성장의 악순환 고리를 끊으려는 노력이 투명한 경제정책의 실행으로 결실을 맺기 시작하고 있다. 자국의 과거 10년간의 경제성과를 뛰어넘는 경제성장을 이룩한 나라들이 하나둘씩 생겨나고 있는 것이다.

이러한 긍정적인 조짐과 더불어 지난해 6월 스코틀랜드의 그랜이글스(Gleneagles)에서 개최된 서방 선진 8개국(미국 · 영국 · 프랑스 · 독일 · 일본 · 이탈리아 · 캐나다 · 러시아) 정상회의에서 외채 과다 빈곤국(HIPCs)에게 IMF, 세계은행 및 아프리카 개발은행에 진 부채를 탕감해주자는 제안(MDRI: Multilateral Debt Reduction Initiative, 다자간 부채 감축 구상)이 발표되었다.

이 제안의 목적은 외채 과다 빈곤국들의 부채를 탕감해 줌으로써 이들이 '새 천년 개발목표'를 달성하는 데 도움을 주자는 데 있다.

이 구상에 따라 올해 5월 1일 현재 잠비아, 탄자니아 등 20개국이 MDRI 요건을 충족시켜 IMF로부터 총 37억 달러에 달하는 부채를 탕감받았다.

하지만, 국제사회의 다른 한쪽에서는 이러한 무조건적 부채 탕감을 우려하는 목소리도 있다. 빚 탕감이 가져올 도덕적 해이 현상을 염려하는 시각에서 IMF 내에서도 상당한 거부감이 표출되었다.

무엇보다 이러한 시각의 근저에는 '외자도입–부적절한 낭비와 오용–부채탕감–다시 외자도입'이라는 저소득국의 부채 악순환에 대한 걱정과 염려가 기저로 자리 잡고 있다.

그러나 그 이면에는 또한 이들에 대한 부채탕감으로 인해 그동안 성실하게 국제사회의 채무를 이행해왔던 국가들과의 형평성 문제, 또 향후 빚이 탕감된 국가들로부터 어떻게 성실한 채무 상환을 유도해낼 수 있을지 등의 어려운 문제들이 함께 자리하고 있다.

따라서 IMF는 이에 따른 부작용을 최소화하면서도 '새 천년 개발목표'의 달성에 도움이 되는 방향으로 빚이 탕감되도록 하기 위해 기준을 보다 엄격하게 하는 노력을 기울였다.

즉, IMF와 세계은행의 '외채 과다 빈곤국 외채경감 전략(HIPC Initiative)'상 경제구조조정 및 개혁 등 일정 조건을 만족시켰거나 종국적으로 충족시킬 국가 중 1인당 소득이 380달러 이하인 국가에 한해 부채를 탕감해주자는 것이다.

올해 하반기 중 세계은행과 아프리카 개발은행의 부채 탕감 계획은 IMF의 기준에 맞춰 이뤄질 예정이지만, 이를 고려하더라도 실제 탕감 규모가 당초 제안되었던 목표 규모인 500억 달러에는 미치지 못할 것으로 예상된다.

■ 과다채무 저소득 국가들을 진정으로 돕는 길

부채 탕감을 둘러싼 IMF 내의 열띤 논의들을 직접 지켜보면서 저소득 국가들에 대한 국제기구의 역할이 어떠해야 하며, 진정으로 이들을 돕는 길은 무엇인지를 곰곰이 생각해 보는 기회를 갖게 되었다.

반복적인 원조와 부채탕감이 과연 저소득 국가들의 지속적 성장과 발전에 진정 도움이 되는 것인가 최근 다국적 은행들이 다시 아프리카 저소득 국가들을 상대로 상업적 대출을 늘려가고 있다느니, 어느 아프리카 국가에서는 부채탕감으로 용이해진 돈으로 대통령 전용기를 구입할 계획이 있다느니 하는 등의 미확인 소문을 접할 때마다, 머지않아 이들 국가들의 부채탕감 악순환이 재현되는 것이 아닌가 하는 우려를 떨쳐버릴 수가 없다.

올 8월로 5년 임기의 IMF 수석부총재직을 훌륭히 마무리하게 되는 미국의 대표적인 여성 경제학자인 앤 크루거(Anne O. Krueger) 여사가 2004년 IMF 연차총회에 참석한 아프리카 국가들의 재무장관/중앙은행 총재 오찬에 초대되어 연설한 '한 가난한 나라 이야기'가 다시금 떠오른다.

1950년대 가난했던 한국이 미국의 대규모 원조 삭감에 따른 충격으로 획기적인 경제개발 조치의 필요성을 절실히 깨달은 후 오늘날과 같은 큰 성과를 이루어낼 수 있었다는 내용의 당시 연설의 골자는 저소득 국가에 대한 지원이 어떠해야 하는지에 대해 하나의 좋은 시사점을 던져 준다.

자식에게 생선을 주면 한 끼의 식량이 되지만, 고기 잡는 법을 가르치면 평생의 식량이 된다는 유태경전인 탈무드의 명언을 떠올리며, 진정으로 저소득 개발국가가 가난의 굴레에서 벗어나는 데 도움이 될 '고기 잡는 지혜'는 무엇이어야 할지 재삼재사 고민해 본다.

[오종남의 워싱턴 편지] (2006.7.12.)

에필로그

"꿈은 잠잘 때만 꾸는 게 아니다"

135년 전 한 미국 아주머니가 꾸었던 꿈이
한국 거쳐 아시아 개도국 여성 교육으로 개화
여성 리더십 개발 노력은 꾸준히 계속돼야

종종 "좋은 꿈 꾸세요!"라는 덕담을 듣는다. 가끔 농담 삼아 이의를 단다. "꿈을 꾸기도 어려운 판에 어떻게 좋은 꿈만 골라서 꾼단 말인가? 아무 꿈이든 꾸기만 하세요. 해몽은 제가 할게요." 그런데 이 경우 꿈을 잠잘 때 꾸는 꿈으로 한정하지 않고 자신의 미래 목표나 비전으로 확대하면 "좋은 꿈 꾸세요!"도 얼마든지 말이 된다. 그래서 필자는 "꿈은 잠잘 때만 꾸는 게 아니다!"라고 말하곤 한다.

2007년 1월부터 '스크랜턴여성리더십센터' 이사장으로 봉직하고 있다. 10년 동안 1,000명이 넘는 아시아 개발도상국 여대생에게 대학

등록금 전액을 지급했고 앞으로도 계속할 생각이다. 거의 모든 수혜자가 가족 중 최초의 대학생이라는 사실에서 얼마나 뜻깊은 사업인지 실감이 간다. 많은 이들이 '스크랜턴여성리더십센터'는 어떻게 시작되었는지를 묻는다. 놀랍게도 이 조직은 135년 전 미국 오하이오주의 한 부인이 꾼 꿈에서 비롯했다.

1883년 9월 미국 오하이오주 라벤나라는 소도시에서 미국 감리교회 해외여선교회가 열렸다. 그 자리에서 볼드윈(Lucinda Baldwin)이란 부인이 당시 미국사람에겐 생소한 미지의 나라 조선(Corea)에 대한 이야기를 꺼냈다. 볼드윈 여사는 언젠가 조선이 개방될 때 조선 여성을 위해 사용되기를 바란다면서 그때로는 매우 큰돈인 88달러를 헌금했다. 당시는 아시아 선교의 주된 대상은 일본 중국 인도였고, 조선에 대해서는 관심조차 없던 시절이었다.

볼드윈 여사는 어떻게 조선을 알았을까? 일본에 산 적이 있는 미국인 윌리엄 그리피스는 귀국 후『은둔의 나라, 꼬레아(Corea, the Hermit Nation; 1882년)』라는 책을 냈다. 볼드윈 여사는 해외여선교지에 실린 책 소개를 읽고 '여성이 이름도 없고 한 인격체로서 인정받지도 못하는 조선'에 대해 알게 되었다.

미국 감리교회 해외여선교회는 볼드윈 여사의 뜻을 존중해서 1885년 2월, 당시 53세의 스크랜턴 여사(1832-1909)를 조선 최초의 여선교사로 파송하게 된다. 스크랜턴 여사는 조선 여성의 현실을 보고 여성을 교육하면 조선을 잘 살게 할 수 있겠다는 생각에서 '조선 여성을 보다 나은 조선 여성으로 만드는 일'을 교육목표로 삼는다.

하지만, 여성의 인권이 존중되지 않던 당시 여학생 모집은 쉽지 않았다. 1886년 5월 맞이한 첫 학생은 정부 관리의 첩인 '김씨 부인'이었고 두 번째 학생은 딸을 한국 밖으로 데려가지 않겠다는 약정서를 써준 후 교육을 시작할 수 있었다. 세 번째는 서대문 밖 성벽에 버려진 한 여인을 치료해 주고 딸을 학생으로 삼았다. 오늘날 명문 학교가 된 이화학당의 대장정은 이처럼 가난하고 소외 받은 사람들로부터 시작되었다.

'스크랜턴여성리더십센터'의 정식 이름은 '미감리교회대한부인선교부유지재단'이다. 일제 강점기인 1924년 등록된 이 선교재단은 오랫동안 병원, 학교, 사회복지관, 교회 등으로 재산을 나누어 관리하다가 1970년대 이후는 한국 교회와 독립재단에 선교 활동을 넘기고 선교사 사택만 유지하고 있었다. 우연한 기회에 미국 감리교회 해외여선교회와 인연을 맺게 된 필자는 한국에 있는 사택을 처분한 자금으로 새로운 사업을 모색하는 논의에 참여하게 되어 2007년 새롭게 출범한 '스크랜턴여성리더십센터'의 이사장을 맡게 되었다.

지난 2월 21일 필자는 '리더를 키우는 여성리더들의 모임'인 WIN(Women in INnovation)에서 '전환기 여성리더의 시대적 소명'이라는 특별 강연을 했다. 성공한 리더라면 차세대 리더에게 "꿈은 잠잘 때만 꾸는 게 아니다!"라는 사실을 일깨워 줄 소명이 있다는 요지였다. 우리 '스크랜턴여성리더십센터'는 지난 10년 동안 조선 여성의 교육을 꿈꾸었던 스크랜턴 여사의 숭고한 뜻을 아시아 여성 교육으로 어떻게 이어갈까를 염두에 두고 달려왔다. 앞으로도 변함없이 아시아 여성의 리더십 개발에 힘쓸 것을 다짐하고, 또 꿈꾼다.

[오종남의 행복세상] (한국일보 2018.3.6.)

오종남의 행복세상
당신은 행복하십니까?

초　판 1쇄 발행 | 2017년 12월 6일
개정판 4쇄 발행 | 2019년 8월 15일

지은이 | 오종남
펴낸이 | 최명애

펴낸곳 | 공감
출판등록 | 1991년 1월 22일 제21-223호
주 소 | 서울시 송파구 마천로 113
전 화 | (02)448-9661 팩스 | (02)448-9663
이메일 | kunnabooks@naver.com
홈페이지 | www.kunna.co.kr

ISBN 978-89-6065-304-7 03300

「이 도서의 국립중앙도서관 출판예정도서목록(CIP)은 서지정보유통지원시스템 홈페이지(http://seoji.nl.go.kr)와 국가자료공동목록시스템(http://www.nl.go.kr/kolisnet)에서 이용하실 수 있습니다.(CIP제어번호: CIP2018007609)」